STÉPHANE HESSEL

AN DIE EMPÖRTEN DIESER ERDE!

VOM PROTEST ZUM HANDELN

Herausgegeben von Roland Merk

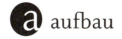

ISBN 978-3-351-02758-2

Aufbau ist eine Marke der Aufbau Verlag GmbH & Co. KG

1. Auflage 2012
© Aufbau Verlag GmbH & Co. KG, Berlin 2012
Copyright © 2012 Stéphane Hessel und Roland Merk
Umschlaggestaltung hißmann, heilmann, hamburg
Druck und Binden CPI – Clausen & Bosse, Leck
Printed in Germany

www.aufbau-verlag.de

Roland Merk
Ein Rebell voller Mitgefühl

Ich sehe die Szene noch genau vor mir: Ich stehe in der großen Halle des Hauptbahnhofs in Zürich und warte auf die Ankunft Stéphane Hessels. Die großen elektronischen Wandzeitungen zeigen Werbung für den ewigen Fortschritt, dazwischen meldet sich die düstere Realität in greller Neonschrift zu Wort: »Der letzte Schutzwall gegen die Schuldenkrise« – »Die europäische Troika zeigt Zuversicht« – »Griechenland vor dem Aus« – »Eine Billion Euro für den Rettungsschirm« – »Jugendarbeitslosigkeit in Spanien so hoch wie noch nie« – »Rating-Agentur droht mit Triple-A-Entzug« – »Occupy Wallstreet wehrt sich!«

Eine Zeit, die auf dem Kopf steht, begleitet von Bildern junger Menschen aus aller Welt, die gegen die Misere aufbegehren: »Indignez-vous!«, »¡Indignaos!«, »Indignatevi!«, »Time for outrage!«, »Empört euch!«

Es ist ein wunderschöner Tag im Herbst 2011, und im hellen Gegenlicht sehe ich den TGV mit revolutionärer Fracht an Bord einfahren – mit dem Ehrengast aus Paris, dem begnadeten Redner.

Stéphane Hessel tritt mit seinem unglaublich strahlenden Gesicht aus der Menge auf mich zu. Wir begrüßen uns herzlich, und sehr schnell kommen wir ins Gespräch, während er bescheiden seinen kleinen schwarzen Reisekoffer auf Rollen hinter sich her zieht – das will er auf ausdrücklichen Wunsch selber übernehmen.

»Ordre du jour? Wie sieht der Ablauf des Tages aus?«, erkundigt er sich ungeduldig, aber sehr charmant mit seiner unvergleichlich sanften Stimme und wechselt dabei mühelos zwischen französischer und deutscher Sprache.

Stéphane Hessel – er ist ein Mann voller Tatendrang. »Was steht an? Was werden wir am Nachmittag machen? Wann werde ich meine Rede am Abend halten? Haben Sie die neuesten Ergebnisse über die Verhandlungen in Brüssel wegen der Schuldenkrise mitverfolgt?«

Ich denke, dass er und seine Frau vielleicht müde von der Reise sind und gleich ins Hotel wollen, doch ist das mitnichten der Fall. So zeige ich ihnen Zürich und berichte, was an diesem Morgen in Brüssel zur Lösung der Schuldenkrise beschlossen wurde. Er überrascht mich daraufhin mit einer Frage zur Occupy-Paradeplatz-Bewegung, die sich soeben in Zürich formiert hat – unglaublich, wie sich dieser Mann von 94 Jahren bis ins kleinste Detail informiert, um sich ein genaues Bild dieser Welt zu machen!

Schließlich begleite ich Stéphane Hessel und seine Frau zum Hotel St. Gotthard, das an der berühmten Zürcher Bahnhofstrasse liegt, wo das Kapital dieser Welt in allen Farben verschwiegen in schlicht anmutenden Bankgebäuden lagert.

Einen Eindruck von seiner weltoffenen, dem Menschen zugetanen Art hatte ich bereits in Brüssel und Barcelona gewonnen, als ich ihn im Rahmen des Russell-Tribunals zu Palästina kennenlernte, und dieser Eindruck bestätigte sich mir nun hier in Zürich. Stéphane Hessel begegnet den Menschen mit offenem Herzen und echtem Interesse, er spricht sie als Menschen an und bekommt deshalb auch die Antwort von Menschen zurück.

Wir sind keine fünf Minuten im Hotel, Stéphane Hessel hat seine Reisedokumente noch nicht abgegeben, da ist er bereits in ein freundlich-angeregtes Gespräch mit den Angestellten der Rezeption verwickelt. Kurz darauf versichert eine weitere Mitarbeiterin, dass es kein Problem für sie sei, eine Stunde früher als gewohnt ihre Arbeit zu beginnen, um dem Herrn in dem beigefarbenen, verknitterten Mantel, der sehr früh aus dem Haus muss, das Frühstück zu bereiten – erst später erfährt sie, dass es sich um jenen berühmten alten Mann handelt, der die Menschen dieser Welt auffordert, sich zu empören, weil ihre Würde Tag für Tag in Frage gestellt wird.

Stéphane Hessel scheint den Schlüssel zu den Herzen der Menschen zu besitzen. Wie sonst ist es zu erklären, dass er sich mit einem Büchlein von gut dreißig Seiten weltweit Gehör verschaffen konnte? Offenbar trifft er mit seinen Worten und Überzeugungen den Nerv der Zeit – und darüber hinaus den Nerv des Einzelnen. Den Verzagten wie den Zynikern führt er vor, dass das Unmögliche möglich ist, wenn man den nötigen Mut aufbringt. Stéphane Hessel, der Rebell einer ganzen Epoche – seiner Lebenszeit, die mit dem 20. Jahrhundert zusammenfällt –, nimmt uns in seinen letzten Jahren an die Hand, zeigt uns den Weg ins 21. Jahrhundert. Mit seiner historischen Erfahrung als französischer Widerstandskämpfer, als Buchenwald-Überlebender und Mitwirkender an der Allgemeinen Erklärung der Menschenrechte demonstriert er, dass Zuversicht, Kraft, Mut, Liebe, Mitgefühl,

Brüderlichkeit und Solidarität nicht hohle Worte sind, sondern Eigenschaften gelingenden Lebens, die eben jetzt im Angesicht vielfältiger Krisen verteidigt werden müssen.

Ich habe Stéphane Hessel nach seiner Rede, die er am 27. Oktober 2011 in Zürich hielt, in wiederholten Gesprächen bei sich zu Hause in Paris als brillanten Interviewpartner erlebt. Bis ins Detail erinnert er sich, wie er sich beim Treffen zuvor zu welchem Thema geäußert hat, womit wir jeweils geendet haben. So ergibt sich die Fortsetzung unserer Gespräche organisch, als ob keine Zeit dazwischenläge. Wir sprechen zunächst französisch, dann führen wir unsere Unterredungen auf seinen Wunsch hin auf Deutsch fort, denn unser Buch *An die Empörten dieser Erde!* soll wie seine Zürcher Rede, die er auf Deutsch hielt, in der Sprache seiner Kindheit erscheinen.

Ich möchte von ihm wissen, wie die Gedanken, die er in seinen Schriften *Empört Euch!* und *Engagiert Euch!* dargelegt hat, konkret und im Kontext aktueller Ereignisse zu begreifen sind. Was bedeutet »Mitgefühl«? Was ist »Interdependenz«? Wie ist der Arabische Frühling zu verstehen? Was ist das Neue an unserer Epoche? Welche Gefahren und Herausforderungen kommen auf uns zu? An welchen Inspirationsquellen nähren sich seine Überzeugungen?

Geduldig und konzentriert breitet Stéphane Hessel seine Ideen aus, ein zusammenhängendes, methodisch feingesponnenes Netz, das Antwort auf die sich abzeichnende »Weltgesellschaft« gibt.

Er spricht mit einem leichten französischen Akzent, auch die Berliner Mundart schlägt hier und da durch, man spürt gleich, dass er die deutsche Sprache trotz der schlimmen Erfahrungen während des Nazi-Regimes immer noch liebt – die Sprache der Dichter und Denker: Hölderlin, Goethe, Heine, Hegel und Kant.

Der Dialog ist für ihn, ganz im Sinne Martin Bubers oder Emmanuel Levinas', kein bloßes Mittel, um Inhalte auszubreiten; das Gespräch mit seinem Gegenüber ist ihm ein essentielles Ereignis, eine Form, sich selbst zu übersteigen und das dialogische Prinzip, das in allem steckt, zu entfalten. Hessels Rede ist nie nur Inhalt, sondern auch Form, der Inhalt ist erst vollends aufzuschlüsseln, wenn man seine Stimme mit hört, die Zuversicht, Wärme und Vertrauen schafft. Hessel ist ein moderner Sokrates, der dem Menschen nicht nur über das geschriebene Wort, sondern auch über die lebendige Rede und den freien Austausch der Gedanken mit einem Gegenüber begegnet.

Als wir über die Krise der Menschheit im Allgemeinen und im Besonderen sprechen, flackert die düstere Realität wieder in grellen Schriftzeichen vor dem geistigen Auge auf: Schuldenkrise, Arbeitslosigkeit, Sparmaßnahmen, Krise, New Deal, Börsencrash, Occupy Wall Street, Palästina, Nakba, Klimakatastrophe, Krieg, Hunger, Neoliberalismus …

Gegen dieses Flutwelle von Problemen setzt Stéphane Hessel sehr überlegt Worte wie »Reform des Denkens«, »Solidarität«, »Dialog«, »Würde des Menschen«, »Interdependenz«, »Mitgefühl«, »Metamorphose der Menschheit«, »soziale Wohlfahrt«, »Weltgesellschaft«. Wie ein geschichtsphilosophisches Leitmotiv taucht der Begriff des »Rechts« in allen seine Argumenten auf. Angesichts der Komplexität der Dinge, die uns oft ratlos machen oder verzweifeln lassen, behält Hessel einen kühlen Kopf: Es ist das Recht, das uns alle verbindet und uns historisch vorwärtsbringt, und wer dahinter zurückfällt, der tut es um den Preis von Unrecht und Barbarei.

Mit dem Bewusstsein auf der Höhe dieser Zeit sein – das ist seine Forderung. Und das meint auch: auf der Höhe dieser Weltgesellschaft sein, die wir sind. Empörung und Engagement, gewiss, dafür steht er ein, aber nicht für die kopflose Aktion, sondern für die überlegte, ohne Gewalt. Das sagt einer, der im Widerstand gegen die Nationalsozialisten gekämpft hat, das sagt einer, der überzeugt ist, dass wir die demokratischen Mittel zu dieser Form der Empörung im bisher Erreichten vorfinden, das wir gegen seine Verächter verteidigen, aber auch ausbauen müssen.

Stéphane Hessel wagt den ersten Schritt, er wirft nicht den ersten Stein. Er ist der große Mobilisator und Inspirator einer Menschheit, die auf dem Weg zur Weltgesellschaft ist. Sein Vorgehen ist von Gandhis Weg der Gewaltlosigkeit inspiriert. Er ist einer, den man ohne weiteres mit so unterschiedlichen Namen von engagierten Menschen und Bürgerrechtlern wie Martin Luther King, Václav Havel oder den Dalai Lama, den er kürzlich traf, in Verbindung bringen kann. Eminenter Diplomat und Poesieliebhaber in einem, bringt er die so scheinbar unterschiedlichsten Dinge unter ein Dach. Poesie ist für ihn der Königsweg ins Herz der Menschen, sie gibt vor, was Philosophie und Politik, was Vernunft und Verstand umsetzen sollen. Das ist keine Feindschaft der Philosophie gegenüber, ganz im Gegenteil, sondern ihre letzte Verortung: Philosophie im Sinne des von Hessel so geschätzten Immanuel Kant, eben »Weltphilosophie« und nicht »Schulphilosophie«, Philosophie auf der Höhe des Herzens, denn sonst ist sie entweder leer oder blind.

Stéphane Hessels Aufruf »Zeigt und habt mehr Mitgefühl!« ist daher kein romantisches Ansinnen, sondern er steht in der Tradition von Jean-Jacques Rousseau über Karl Marx zu Arthur Schopenhauer, indem er die Wunden spürbar macht, die die Gesellschaft schlägt. Die Kälte, die so gewaltig entfremdeten und würdelosen Beziehungen zwischen Armen und Reichen, zwischen Akteuren des Kapitals und shareholdervalue-bereinigten menschlichen Ressourcen, zwischen staatsangestellten Sparern und ihren Opfern von der Größe ganzer Staaten, zwischen Erster Welt und, so scheint es manchmal, abgeschriebenem Rest der Welt – das ist es, was wir uns unter dem von Hessel geforderten Mitgefühl vorstellen müssen. »Solange es noch einen Bettler gibt, so lange gibt es noch Mythos«, heißt es in einem Fragment von Walter Benjamins *Passagen-Werk*, man möchte ergänzen: so lange gibt es noch Utopie! Denn das ist wie für Walter Benjamin so auch für Stéphane Hessel, der ihn persönlich kannte, die Losung. Denjenigen, die Hessel als Wutbürger beschimpfen, den Kostverächtern einfacher Worte, sei gesagt, dass Einfachheit auch erfahrungsgesättigte Reduktion von Komplexität sein kann, dass Komplexität kein Freibrief ist, um nichts zu tun.

Nach *Empört Euch!* lautet die neue Botschaft Stéphane Hessels an die Empörten dieser Erde: »Verändert diese Welt, habt Mitgefühl und seid Bürger einer wahrhaften Weltgesellschaft. Du musst dein Leben ändern! Weshalb bist du empört? Weil du dein Leben bis jetzt noch nicht verändert hast.«

Es gibt keinen anderen Weg als den zum Besseren hin, das ist die Quintessenz unserer heutigen Situation, das ist das Fanal dieses so begnadeten Redners, der ganze Säle zu füllen vermag. Stéphane Hessel hinterlässt einen tiefen Eindruck bei den Menschen, die ihn persönlich erleben durften. Ihr Enthusiasmus ist, das wusste bereits Immanuel Kant, ein Kriterium von Wahrhaftigkeit und Wahrheit.

Stéphane Hessel schreitet uns voran als wahrhafter Weltbürger dieser, so nennt er es, »terre-patrie«, der neuen Weltheimat. Es käme ihm nicht in den Sinn, von einer »Leitkultur« zu sprechen, er gehört nicht zu denen, die glauben, dass sie sich selbst abschaffen, wenn sie als Gewinn begrüßen, was sich abzeichnet: die Weltgesellschaft.

An jenem schönen Herbsttag 2011 kommt er auf Einladung der Gesellschaft Schweiz-Palästina und des Nationalrates Daniel Vischer nach Zürich. Der Saal ist bis auf den letzten Platz gefüllt, als er am Abend – in deutscher Sprache – seine Rede *An die Empörten dieser Erde!* hält, an die sich ein Gespräch mit dem ehemaligen Nahost-Korrespondenten und Moderator des Schweizer Fernsehens, André Marty, und zahlreiche Fragen aus dem Publikum anschließen. Es entsteht ein lebendiger Dialog zwischen mündigen Bürgern über ihre Zukunft, darüber, wie sie sie gestalten wollen. Die Figur der Utopie – an diesem Abend, in diesem Saal ist sie greifbar.

Später gehen wir aufgeräumten Herzens mit Stéphane Hessel und seiner Frau ins Restaurant. Wieder überlege ich zunächst, ob der alte Mann, müde vom Tag, nicht rasch in sein Hotel zurückwill. Weit gefehlt: Zufrieden sitzt Stéphane Hessel vor einem großen Teller Spaghetti und trinkt mit uns ein Glas Wein. Wie alt sind wir doch gegenüber diesem jungen Mann von 94 Jahren, der uns kurz vor Mitternacht aus *Hyperions Schicksalslied* von Friedrich Hölderlin zur Warnung frei aus dem Kopfe rezitiert und uns dann verlässt!

An die Empörten dieser Erde! – mit diesem Band zeigt uns Stéphane Hessel einmal mehr, wie seine Gedanken mit der fortschreitenden Zeit mithalten. Nach *Empört Euch!* und *Engagiert Euch!* entfaltet er in seiner Zürcher Rede und im Dialog mit dem Publikum und dem Herausgeber seinen ganzen Gedankenreichtum auf der Höhe der Gefahren dieser Zeit. *An die Empörten dieser Erde!* ist ein Aufruf an die sich abzeichnende Weltgesellschaft, in dem Stéphane Hessel den Horizont neuer Lösungen ins Visier nimmt. Schreiten wir also mit ihm voran!

        Roland Merk
        Paris, Basel und Contra, im Juni 2012

Friedrich Hölderlin: *Hyperions Schicksalslied* (1797)

Ihr wandelt droben im Licht
Auf weichem Boden, selige Genien!
Glänzende Götterlüfte
Rühren euch leicht,
Wie die Finger der Künstlerin
Heilige Saiten.

Schicksallos, wie der schlafende
Säugling, atmen die Himmlischen;
Keusch bewahrt
In bescheidener Knospe,
Blühet ewig
Ihnen der Geist,
Und die seligen Augen
Blicken in stiller
Ewiger Klarheit.

Doch uns ist gegeben,
Auf keiner Stätte zu ruhn,
Es schwinden, es fallen
Die leidenden Menschen
Blindlings von einer
Stunde zur andern,
Wie Wasser von Klippe
Zu Klippe geworfen,
Jahr lang ins Ungewisse hinab.

Stéphane Hessel
An die Empörten dieser Erde!
Zürcher Rede

Ich hoffe, man hört mich gut mit diesem kleinen Mikrophon, geht es? Ja? Hört man mich auch bis ganz hinten? Gut. Zunächst möchte ich betonen, wie groß meine Freude ist, in Zürich zu sein. Für mich ist Zürich – und natürlich die Schweiz im Allgemeinen, aber Zürich ganz besonders – ein Ort, wo man sich interessiert, was in der Welt vor sich geht. Man hat das in diesen Tagen wieder mit der Occupy-Paradeplatz-Bewegung gesehen, und das geht doch ein bisschen zusammen mit dem, was ich jetzt seit einem Jahr versucht habe in Gang zu bringen.

Vor über einem Jahr war ich zusammen mit Freunden aus dem französischen Widerstand an einem Ort in Savoyen, wo wir uns an eine Gruppe von dreitausend Menschen mit folgendem Inhalt adressierten: Vorsicht, die Grundwerte, die in der Résistance, in der Zeit des Widerstands von den Franzosen gefordert wurden, diese Werte der Demokratie und der Menschenrechte, diese Werte des Kampfes gegen den Feudalismus der Finanzmächte sind in Gefahr. Die soziale Sicherheit war das, wofür wir Widerstandskämpfer uns nach dem Zweiten Weltkrieg eingesetzt haben. Dieses Programm wurde damals von allen Gruppen und von allen Richtungen des französischen Widerstandes ausgeschrieben und von der Linken, der Mitte sowie der Rechten unterstützt. Alle sind wir zu diesem Zweck zusammengekommen und haben gesagt: Diese Werte müssen befürwortet werden, wenn der Krieg zu Ende ist!

In der Zwischenzeit ging der Krieg zu Ende und etwas enorm Wichtiges erschien am Horizont: Das waren die Vereinten Nationen, die UNO. Die UNO war ein Kind des Zweiten Weltkriegs. Sie verkörperte das genaue Gegenteil von dem, unter dem wir gelitten hatten. Wir waren sehr erpicht darauf, dass die UNO ihr Programm der weiten Welt unterbreitete, so wie es mit dem Programm des französischen Widerstandes geschehen war. Das hat sie dann im Jahre 1948 getan.

Ich war persönlich dabei, als in Paris die Allgemeine Erklärung der Menschenrechte ausgerufen wurde. Das war am 10. Dezember 1948. Und gerade im selben Jahr wurde Israel von den Vereinten Nationen als Staat aufs internationale Parkett gebracht. Ohne die Vereinten Nationen hätte es Israel nie gegeben, erst die UNO hat das ermöglicht. Die unglücklichen Juden, die im Zweiten Weltkrieg das Schlimmste, was es überhaupt gibt, erlitten hatten, die Shoah, sie mussten jetzt einen Staat haben! Deshalb waren wir alle dabei und unterstützten ihn natürlich mit einem »Ja«. Wir sagten auch, dass der Staat natürlich da sein muss, wo Israel und Jerusalem vor zweitausend Jahren großen Ruhm erlangt hatten. Gut, sagten wir uns, natürlich sind da schon Palästinenser, Araber, aber die müssen irgendwie weg. Irgendwie wird man das schon schaffen, es wird nicht leicht sein, aber man wird es versuchen. Und so ist dann der Staat Israel entstanden.

Damals waren wir alle sehr glücklich darüber und sagten uns: Endlich haben die Juden einen Staat! Dann aber, nach zwanzig Jahren, ging der Sechs-Tage-Krieg so schlecht für die Araber und so gut für die Israelis aus, dass Israel dann zu einem kolonisierenden Land wurde. Israel kolonisiert und besetzt Palästina. Das ist etwas, was wir, die das Internationale Recht verteidigen, nicht akzeptieren können. Daher bin ich sehr glücklich darüber, von der Gesellschaft Schweiz-Palästina nach Zürich eingeladen worden zu sein.

Ich werde gleich sagen, was mich besonders beschäftigt, denn in ein paar Tagen werde ich für die dritte Sitzung des Russell-Tribunals zu Palästina* in Südafrika sein. Die erste Sitzung fand in Barcelona vor zwei Jahren statt, die zweite war vor einem Jahr in London, und die dritte findet im November in Kapstadt statt. Ich denke, wir sind für die wichtigen Grundwerte verantwortlich, die in der Allgemeinen Erklärung der Menschenrechte stehen. Wir haben eine Verantwortung für diese Werte, die der Sicherheitsrat der Vereinten Nationen immer wieder vorgebracht hat. Wir dürfen es nicht zulassen, dass es den Palästinensern schlechtgeht, weil sie von niemandem wirklich verteidigt werden. Sie haben viel unter der israelischen Besatzung gelitten. Sie haben versucht, richtige

---

* Das Russell-Tribunal zu Palästina ist eine Nichtregierungsorganisation, die sich für die Respektierung des Völkerrechts einsetzt und Kriegsverbrechen seitens des Staates Israel gegenüber den Palästinensern untersucht. Das Tribunal wurde 2009 infolge der Militäraktion in Gaza gegründet. Es lehnt sich mit seiner Arbeitsweise an das Vietnam-Tribunal an, das 1966 von Bertrand Russell und Jean-Paul Sartre ins Leben gerufen worden war. Zu den Unterstützern des Russell-Tribunals zu Palästina zählen unter anderen: Boutros Boutros-Ghali (ehemaliger Generalsekretär der UNO), Milan Kučan (ehemaliger Präsident Sloweniens), Dries van Agt (ehemaliger niederländischer Premierminister), die Schriftsteller Tariq Ali, Russell Banks, Norman Finkelstein und Eduardo Galeano, die Wissenschaftler Noam Chomsky, Johan Galtung und Jean Ziegler sowie die inzwischen verstorbenen Nobelpreisträger Harold Pinter und José Saramago.

Wahlen durchzuführen und eine Demokratie aufzubauen. Gleichzeitig ist das aber unmöglich, solange es ihnen so geht, wie es ihnen jetzt seit Jahrzehnten geht! Sie haben 1948 während des israelisch-arabischen Krieges unter einer schrecklichen Vertreibung ohnegleichen gelitten, das, was die Palästinenser eben »Nakba«, arabisch für Katastrophe, nennen. Wir müssen jetzt versuchen, uns dagegen aufzulehnen.

Da wäre das Russell-Tribunal zu Palästina, das seinen Ursprung in einem Russell-Tribunal zu Vietnam hat. Es entstand in den Jahren, als Amerika diesen schlimmen Vietnamkrieg geführt hat. Das Tribunal beriet und schloss, dass Amerika in Vietnam unrecht hatte und wir die Vietnamesen unterstützen müssen. Genau so ist es auch heute: Amerika ist nicht streng genug mit seinem Partner Israel, und deshalb geht es den Palästinensern immer noch so schlecht.

Die Empörung über das, was dort passiert, ist Teil von dem Büchlein, das jetzt so eine unerhörte Wirkung in so vielen Ländern erzielt hat. Dieses Büchlein nannte ich auf Französisch *Indignez-vous!*. Die »Dignität«, die im französischen Wort steckt, ist das Wichtige für mich: Man muss seine Werte, seine Würde, eben seine dignitas bewahren können, und wenn sie irgendwo nicht gut angenommen ist, dann muss man sich »indignieren«. Auf Deutsch hat man das Büchlein mit *Empört Euch!* übersetzt, auf Spanisch lautet es *¡Indignaos!* und auf Italienisch *Indignatevi!*.

Dieses Büchlein wurde vor einem Jahr, im Herbst 2010, von einem Verlag namens Indigène Éditions in Montpellier veröffentlicht. Es war billig und leicht zu verteilen, ein sehr hübsches kleines Heft. Wir hatten uns gesagt, dass es die Franzosen vielleicht interessieren könnte. Wir machten also eine Auflage von 8000 Exemplaren und dachten, dass es schon reichen werde. Das war aber nicht der Fall, denn es wurden immer mehr Exemplare davon verkauft, zunächst mehrere Hunderttausend, dann eine, dann zwei Millionen. Es ist in Paris immer noch auf der Bestsellerliste, und jetzt nähern wir uns drei Millionen verkauften Exemplaren in französischer Sprache. Es ist zudem in über dreißig Sprachen übersetzt und erstaunlicherweise auch in solchen Ländern wie Schweden, Südkorea, Argentinien und Brasilien erhältlich, also fast überall und natürlich auch hier in der Schweiz und in Deutschland und Österreich. Überall gibt es jetzt dieses kleine Buch!

Was soll das bedeuten? Ich bin natürlich sehr stolz darauf, dass ein Buch, dass dreißig Seiten von mir so einen enormen Erfolg haben! Aber ich bin gleichzeitig auch etwas ängstlich, denn die Frage stellt sich mir, wie wird man so einen Text verstehen? Wird man nur den Titel lesen und dann sagen: Ja, also los! Wir müssen uns empören, wir müssen uns schlagen! Oder wird man den Text lesen? Denn in dem Buch steht alles sehr genau beschrieben.

Wir stehen am Beginn des 21. Jahrhunderts. Welches sind nun die Gefahren, über die man sich nicht nur empören, sondern gegen die man sich auch engagieren soll?

Die erste, schlimme Gefahr ist, dass es auf der einen Seite eine kleine Gruppe gibt, eben »ein Prozent«* der

---

* Anspielung auf den Slogan »One Percent« der Occupy-Wall-Street-Bewegung, der die wirtschaftliche Elite der Vereinigten Staaten meint, die über den größten Anteil am Bruttosozialprodukt verfügt. Die Bezeichnung geht auf den gleichnamigen Dokumentarfilm (2006) von Jamie Johnson zurück.

Bevölkerung vielleicht, die unglaublich reich ist und die mit ihrem vielen Geld und ihrem politischen Einfluss alle Macht ausübt, während es auf der anderen Seite Leute gibt, die nur wenig oder gar keine Macht haben. So viele von ihnen leiden an Hunger, an Armut, das ist etwas Schreckliches!

Es hat immer Arme und Reiche in der Welt gegeben. Es gibt keine Gesellschaft, in der alle gleich sind. Das hat man mit der kommunistischen Revolution 1917 versucht, im Jahr meiner Geburt, und wir wissen, wohin das geführt hat. Aber die Ungleichheit kann so schrecklich werden, dass man jetzt große Angst haben muss, wenn das so weitergeht!

Wir sind jetzt sieben Milliarden Menschen. Gestern kam gerade ein Bericht der Vereinten Nationen heraus, der besagt, dass wir jetzt sieben Milliarden und vielleicht in ein paar Jahren schon bis zu neun Milliarden Menschen sein werden. Von diesen sieben Milliarden Menschen arbeitet mindestens ein Drittel unter unmenschlichen Bedingungen und lebt in völliger Armut und in der Unmöglichkeit, sich richtig ernähren zu können. Das ist eine enorme Gefahr, die wir erkennen und anerkennen und gegen die wir uns engagieren müssen!

Die zweite, ebenso schlimme, ja vielleicht noch schlimmere Gefahr ist die, dass wir unsere Erde, unseren Planeten so ohne jede Angst um die Zukunft ausgebeutet haben, dass es, wenn es so weitergeht, in ein paar Jahren zu spät sein wird, um maßgebende und nachhaltige Korrekturen vorzunehmen! Das Wasser wird nicht reichen, die Zerealien werden zu teuer sein, und der Energieverbrauch wird so ansteigen, dass eine schreckliche Verschmutzung unserer Umwelt die unausweichliche Folge sein wird.

Diese Gefahren sind also da. Man muss sie erkennen, und darauf will das Büchlein *Indignez-vous!* hinaus. Es zielt beiden Gefahren ins Gesicht und ruft dazu auf, sich darüber zu empören. Das zweite kleine Buch heißt *Engagiert Euch!*, es ist eine direkte Übersetzung des französischen Titels *Engagez-vous!* und unterstreicht, dass man sich natürlich nicht nur empören, sondern auch engagieren soll, um diesen Gefahren zu begegnen.

Die dritte Gefahr, die ich noch kurz erwägen möchte, bevor wir ins Gespräch kommen, die dritte Gefahr ist der Terror. Wir leiden jetzt seit zehn Jahren unter einer schrecklichen Furcht vor Terror. Es hat immer Terroristen gegeben, die Unangenehmes angerichtet haben, na ja, schlimm genug! Aber was uns seit zehn Jahren, seit dem Fall der beiden Türme in New York passiert, ist, dass wir denken, es gibt eine Terrororganisation – al-Qaida heißt sie, und das eine oder andere Mitglied wurde inzwischen getötet –, die mit dem Islam verbunden ist, und dass der vielleicht so schrecklich gefährlich werden kann, dass wir die vermeintliche Bedrohung von uns abwenden müssen. Das ist natürlich die falsche Art und Weise, über das Problem nachzudenken, denn so kommt man zu dem Schluss, auf Afghanistan einzuschlagen, um die Taliban umzubringen. Das aber wird den Terror nicht beseitigen!

Wir müssen im Terror die Wirkung eines Hasses von Menschen erkennen, die sich ohne Respekt behandelt fühlen und die einen Hass gegen Leute haben, die dieses »eine Prozent« sind, die alles bestimmen. Diese Menschen leben in größten Schwierigkeiten, und sie werden immer wieder Menschen mobilisieren können, denen sie sagen: »Ihr müsst jetzt gegen diesen schrecklichen Westen schlagen!«

Wie können wir diese Situation überwinden? Nur indem wir uns mehr Kenntnisse verschaffen, wie andere Kulturen aussehen. Dafür aber müssen wir die verschiedenen Kulturen unserer Welt respektieren. Wir müssen eine Welt vorbereiten, die auf dem Mitgefühl für alle anderen aufbaut. Dazu gehört eine neue Art der Erziehung, die nicht zum Egoismus, zum »Immer-mehr-Wollen« und »Sich-gegen-die-anderen-Stellen« führt, um der Bessere und der Stärkere zu sein. Nein, wir müssen Mitgefühl empfinden für alle, die auf dieser Erde leben!

Das ist etwas, das man, ich glaube schon, in diesem schönen Land der Schweiz sehr gefördert hat. Es gibt hier ein Zusammenleben von mindestens drei oder vier verschiedenen Kulturen, die sich daran gewöhnt haben, miteinander in Mitgefühl zu leben. Es gibt wohl auch hier noch zu tun, dafür steht ja auch die Occupy-Paradeplatz-Bewegung, die ebenfalls das Gefühl hat, dass es noch zu tun gibt. Aber für einen Franzosen ist das Beispiel der Schweiz in Sachen Demokratie sehr wichtig, ja etwas sehr Glückbringendes. Ich denke, es ist ein großes Privileg, hier in der Schweiz zu leben, wo man eben dieses Mitgefühl anerkennt.

Aber auf der ganzen Welt sieht es jetzt so aus, als gäbe es keine Alternative mehr und nur noch diesen neoliberalen Kapitalismus, der so stark und so unreguliert geworden ist, dass es nur noch schlimmer gehen kann. Gestern saßen alle unsere Regierungen – nicht die eure, die Schweizer Regierung – zusammen in Brüssel und haben versucht, einen Weg daraus zu finden, aber sie haben ihn immer noch nicht gefunden. Es wird noch Zeit in Anspruch nehmen, und man muss hoffen, dass dieser Weg gefunden wird. Aber die gegenwärtige Situation bedeutet auch, dass wir ein Anrecht darauf haben, uns zu empören, und dabei den Weg für Forderungen ebnen, gerade auch der jungen Generation, die eine Welt will, in der diese großen Gefahren erkannt und gewaltlos bekämpft werden, damit sie sich auflösen.

Das alles steht in diesem Buch von dreißig Seiten ungefähr so beschrieben. Aber es gehört natürlich dazu, nachdem man dieses Buch gelesen hat und man sich engagieren will, mit dem zweiten kleinen Buch weiter nachzudenken. Aber auch große Soziologen und Philosophen und politisch denkende Menschen, wie zum Beispiel der Schweizer Jean Ziegler* oder der Franzose Edgar Morin**, der der Autor des Buchs *La voie. Pour l'avenir de l'humanité* ist, bieten uns gute Möglichkeiten zum weiteren Nachdenken.

Wir sind alle zusammen verbunden in einer interdependenten Welt. Kein Problem kann nur mehr von einem Land geregelt werden, selbst die Schweiz kann das nicht tun. Man hat manchmal das Gefühl, jaja, die Schweiz, die kann sich schon allein organisieren. Sie braucht die anderen nicht, sie ist während der Kriege immer neutral gewesen, daher kann sie auch ihr gutes, ruhiges Leben weiterführen, ohne sich interessieren zu müssen, was

* Jean Ziegler, geboren 1934, Schweizer Soziologe und Politiker. Von 2000 bis 2008 war er UN-Sonderberichterstatter für das Recht auf Nahrung. Seit 2008 ist Jean Ziegler in den Beratenden Ausschuss des Menschenrechtsrats gewählt.
** Edgar Morin, französischer Philosoph der Gegenwart, Direktor des Forschungszentrums Centre National de la Recherche Scientifique (CNRS).

außerhalb ihrer Grenzen vor sich geht. Das ist natürlich völlig falsch! Sei es noch so gut regiert oder noch so kraftvoll, es gibt keine Lösung nur für ein Land, egal ob es nun um die Vereinigten Staaten, Israel oder die Schweiz geht. Kein Land kann mehr hoffen, allein weiterzukommen, ohne mit der ganzen Weltgesellschaft verbunden zu sein. Das ist das Neue an unserer Epoche! Das müssen wir alle noch lernen, und dafür müssen wir uns gemeinsam einsetzen.

Natürlich müssen wir uns erst mal empören. Es ist nicht gut, zufrieden zu sein, denn wenn man zu zufrieden ist, dann tut man nichts mehr, und dann wird man auch ganz blass. Aber wenn man rot sein will und auch groß sein will, dann muss man schon wissen, wofür man kämpfen soll, damit wir diese Gefahren, die wir jetzt erkennen, gewaltlos überwinden können. Das ist die Botschaft, die ich immer sehr gerne Älteren, Jungen oder noch Jüngeren und auch Kollegen gebe: Seid mutig, aber seid vertraut!

Es gibt diese Möglichkeit, eine Welt aufzubauen, in der es allen so gut wie nur möglich geht, auch wenn sie sehr verschiedene Kulturen und sehr verschiedene Glauben haben. Sie können gemeinsam eine harmonische Welt hervorbringen! Das wünsche ich jeder und jedem von Ihnen in diesem großen Saal, dass alle sich dafür einsetzen, die großen Gefahren unseres Jahrhunderts anzuerkennen und mutig gegen sie anzukämpfen! Danke schön!

**Stéphane Hessel im Gespräch
mit André Marty und dem Zürcher Publikum**

André Marty*: Herr Hessel, besten Dank für diese Auslegung. Wenn Sie einverstanden sind, würde ich gerne versuchen herauszufinden, auf welcher Basis denn diese teils doch sehr pointierten Ideen, Vorschläge und Provokationen letztendlich basieren. Ich schlage vor, ich schmeiße einfach ein paar Daten in die Runde. Wir hören mal, was Ihnen da spontan in den Sinn kommt. Was denken Sie denn, wenn Sie sich an das Jahr 1937 erinnern?

Stéphane Hessel: Ach so, ja, da war ich zwanzig Jahre alt, nicht wahr? Da gab es für mich etwas sehr Interessantes in Frankreich, nämlich den Front populaire**. Politisch stand ich immer auf der linken Seite. Damals kam mit Léon Blum als Premierminister ein Jahr lang die Hoffnung auf, dass die französische Demokratie sozialistisch vorwärtsschreiten könnte. Aber 1937 herrschte auch der Spanische Bürgerkrieg, er war schon weit vorangeschritten, und die Nationalsozialisten waren am Zug. Es war

---

* André Marty, geboren 1965 im Wallis (Schweiz), Journalist, ehemaliger stellvertretender Nachrichtenchef bei der SonntagsZeitung und später über Jahre Nahost-Korrespondent für das Schweizer Fernsehen SRF.
** Der Ausdruck Front populaire (französisch für Volksfront) bezeichnet die Regierung der vereinigten linken französischen Parteien, die zur Zeit der Dritten Republik 1936 an die Macht kam und eng mit der Person des damaligen Premierministers Léon Blum verknüpft ist.

auch eine Zeit, in der Österreich den Deutschen zufiel und Mussolini gegen Libyen und gegen Albanien kämpfte. Man muss sagen, dass Europa jahrhundertelang der Schauplatz von Kriegen gewesen ist.

Was bedeutete Europa also damals? Europa bedeutete: Kämpfe, Kriege, die unterschiedlichsten Länder waren gegeneinander aufgebracht! Der größte Erfolg meiner Generation ist für mich, dass wir das überwunden haben. Damals, im Jahr 1937, war ich zwanzig, heute bin ich 94 Jahre alt. Gestern zum Beispiel kamen in Brüssel alle Europäer zusammen, das zeigt doch, dass wir seit 1937 schon vorwärtsgekommen sind!

A.M.: Spannend, dass Sie nicht automatisch auf die Antwort kamen, dass sie damals als Deutscher zum französischen Staatsbürger naturalisiert wurden.

S.H.: Da haben Sie ganz recht! Aber dazu muss ich sagen, dass ich mich schon seit meiner Jugend als Franzose fühlte. Die Tatsache, dass man damals einen Jungen nicht einbürgerte, bevor er das Alter von zwanzig Jahren erreicht hatte, das war der Grund, dass ich eben erst am 20. Oktober 1937 naturalisiert wurde. Aber ich fühlte mich schon immer als ein echter Franzose!

A.M.: Ein unangenehmes Kapitel, aber eben doch sehr prägend für Sie, wenn ich die Nummer 10 003 nenne. Würden Sie sich ganz kurz dem Publikum gegenüber festlegen wollen?

S.H.: Halten Sie das für meine Nummer in Buchenwald? 10 003! Natürlich ist es kein guter Moment, wenn man von der Gestapo festgenommen wird. Man denkt, jetzt ist es mit mir zu Ende. Ich war von einem Kameraden verraten worden, leider. Er hatte unter Folter der Gestapo meine Identität genannt. Am 10. Juli 1944 hatten sie mich in Paris verhaftet, dann brachten sie mich nach einem Monat ziemlich schlimmer Folter und Verhöre nach Buchenwald ins Konzentrationslager und gaben mir eine Häftlingsnummer: die Nummer 10003! Unter dieser Nummer musste ich nun mit einer Gruppe von Leuten zusammen sein, die alle zum Tode verurteilt waren.

Wir ahnten es natürlich, aber erst als die ersten sechzehn von uns sechsunddreißig insgesamt aufgehängt wurden, da wussten wir, dass wir jetzt alle dran sein werden und eine Methode finden mussten, um uns zu retten. Diese Methode bestand für mich darin, die Identität eines an Typhus verstorbenen Franzosen zu übernehmen. Sein Körper wurde mit meiner Identität zum Krematorium gesandt, während ich seine Identität bekam – die Identität eines Häftlings zwar, aber eines, der nicht zum Tode verurteilt worden war. Das alles wäre in diesem schrecklichen Lager von Buchenwald unmöglich gewesen, wenn mir nicht mehrere Menschen dabei geholfen hätten. Allen voran ein Deutscher namens Eugen Kogon*, der schon jahrelang ein Häftling war und mit dem Typhus-SS-Doktor in Beziehung stand und ihn überzeugen konnte, dass man ihm später, wenn der Krieg zu Ende wäre, eine Zuschrift gäbe, drei von uns jetzt gerettet zu haben. Das gelang Eugen Kogon.

* Eugen Kogon (1903–1987), Publizist, Soziologe und Politikwissenschaftler. Verfasser des 1946 erschienen Standardwerks *Der SS-Staat. Das System der deutschen Konzentrationslager.*

Sein Sohn wohnt in der Schweiz, hier irgendwo ganz in der Nähe von Zürich. Er hat meine Bücher auf Deutsch übersetzt. Also denken Sie sich, welch ein Zusammentreffen das ist, dass der Sohn des Mannes, dem ich mein Leben verdanke, die Übersetzung meiner Bücher übernommen hat! Das ist für mich eine besondere Genugtuung!

A.M.: Ein weiteres Datum, wenn wir ein paar Pflöcke einschlagen wollen: 10. Dezember 1948, morgens um zehn Uhr. Wo waren Sie zu dem Zeitpunkt?

S.H.: Am 10. Dezember 1948 saß ich im Palais de Chaillot in Paris, es wurde gerade abgestimmt. Die damals vierundfünfzig Mitglieder der Vereinten Nationen saßen in einer Reihe zusammen, und der gute Andrew Cordier*, der amerikanische Untersekretär, rief die Staaten auf. Das erste Land war Afghanistan, denn in der alphabetischen Ordnung ist Afghanistan das erste Land der UNO. Afghanistan sagte »yes«. Dann haben alle anderen auch ihr Ja gegeben. Acht Länder haben sich zwar für »abstain« ausgesprochen, aber damals galt die Enthaltung nicht als negativ. Also, mit 46 Ja-Stimmen und acht Enthaltungen wurde die Allgemeine Erklärung der Menschenrechte verabschiedet. Das war das Ende dreier langer Jahre, in denen ich meinen Freunden René Cassin**, Charles Ma-

---

* Andrew Wellington Cordier (1901-1975), hoher Beamter im Generalsekretariat der Vereinten Nationen unter Dag Hammarskjöld. Das amerikanische State Department berief ihn 1945 nach London, um den Aufbau der Vereinten Nationen zu unterstützen.
** René Samuel Cassin (1887-1976), Jurist und Diplomat. Cassin war Mitinitiator der Allgemeinen Erklärung der Menschenrechte der Vereinten Nationen 1948.

lik* und der guten Eleonore Roosevelt** assistierte, die Präsidentin der Gruppe war, die die »Allgemeine Erklärung« geschrieben hat.

Es ist etwas ganz Besonderes und Außerordentliches, dass alle diese Artikel, die dreißig Artikel, die in der »Allgemeinen Erklärung« stehen, bis heute Gültigkeit haben. Sie sind immer noch genau das, was die Demokratie braucht, um eine richtige Demokratie zu sein. Diese Erklärung ist ein Programm! Viel später kamen zwei weitere Konventionen hinzu, die zivilen und politischen Rechte einerseits und die ökonomisch-sozialen Rechte andererseits. Und natürlich blieb es dabei nicht stehen. Heute gibt es sogar ein internationales Tribunal, um diejenigen zu richten, die Verbrechen gegen die Menschlichkeit begangen haben. Kurzum, wir sind schon vorangekommen! Das Programm, das in dieser Erklärung vom 10. Dezember 1948 steht und das Sie soeben erwähnt haben, ist heute noch das, was alle Demokraten, was alle Frauen und Männer, die in diesem Saal sitzen, brauchen. Ihr seid alle Demokraten, davon bin ich überzeugt! Wir müssen diese Erklärung immer wieder mal lesen und uns fragen, ob schon alles erreicht ist, und falls nicht, was wir tun müssen, damit wir es morgen erreichen können.

A.M.: Um noch einen Pflock einzuschlagen: Das Jahr 1982? Sagt Ihnen das was?

---

* Charles Habib Malik (1906–1987), libanesischer Philosoph. Er studierte bei Martin Heidegger und stand in Kontakt mit Hannah Arendt. Co-Autor der UN-Charta und der Allgemeinen Erklärung der Menschenrechte.
** Anna Eleanor Roosevelt (1884–1962), amerikanische Menschenrechtsaktivistin und Ehefrau des US-Präsidenten Franklin D. Roosevelt.

S.H.: 1982 …?

A.M.: Ich helfe Ihnen ein klein bisschen auf die Sprünge. Damals ist ein verdienter Diplomat in den Ruhestand getreten …

S.H.: Ach, Sie meinen den alten Stéphane Hessel? Ja, von dem spricht man immer wieder … Ja, da war ich fünfundsechzig Jahre alt, und mit fünfundsechzig kommt man in den Ruhestand. Aber wenn man großes Glück hat – und ich habe mein Leben lang immer großes Glück gehabt! –, dann sagt der Präsident der Republik: »Dieser Diplomat, dieser Botschafter hat sich ganz gut verhalten, dem wollen wir etwas Gutes tun. Machen wir ihn zu einem Ambassadeur de France!« Ich habe daraufhin gefragt: »Na ja, was heißt denn das?« Die Antwort war: »Das bedeutet, dass Sie bis zu Ihrem Lebensende die Würde eines Botschafters Frankreichs tragen. Und zwar nicht eines Botschafters in einem Land oder des Botschafters einer Organisation, sondern die eines Botschafters Frankreichs!« Das bedeutet also, dass ich jetzt hier in diesem Saal in Zürich die historischen Werte Frankreichs irgendwie auf mir trage und sie hier verteidigen muss. Und zwar nicht für eine besondere Regierung, sondern für Frankreich im Allgemeinen. Das ist eine große Würde, eine große Ehre, die nicht immer so leicht zu tragen ist – aber ich versuche es!

A.M.: Ich glaube, wir haben es klar zu hören gekriegt: einerseits die ureigene Geschichte und andererseits aber auch das ganz große Engagement für die Allgemeine Erklärung der Menschenrechte. Wollen Sie oder soll ich den Artikel 1 kurz wiedergeben, weil es immer wieder gut ist, daran erinnert zu werden, was im Artikel 1 steht? Ich lese ihn schnell vor, wenn Sie wollen.

»Alle Menschen sind frei und gleich an Würde und Rechten geboren. Sie sind mit Vernunft und mit Gewissen begabt und sollen einander im Geiste der Brüderlichkeit begegnen.«

Monsieur Hessel, Sie legen enormes Gewicht auf die Allgemeine Erklärung der Menschenrechte. Nun ist es aber leider in der Realpolitik nicht zwingend, dass der Umsetzung der Menschenrechte Priorität eingeräumt wird. Sind Sie auch ein bisschen desillusioniert?

S.H.: Natürlich muss man diesen besonderen, wunderbaren Text nicht als eine Tatsache nehmen. Eine Tatsache ist er nicht, aber er ist eine Hoffnung und ein Ziel und auch ein Programm! Nun kann man schon sagen, dass keiner von den hundertdreiundneunzig Staaten, die den Vereinten Nationen angehören und die augenblicklich in New York zusammensitzen und sich beraten, ob sie Palästina einen Staat geben werden oder nicht – noch ist das nicht ganz ausgeschlossen, vielleicht kommt der Staat ja noch zustande –, also, man kann mit Recht sagen, dass wahrscheinlich keiner von den hundertdreiundneunzig Staaten wirklich dieser Menschenrechtserklärung ihren vollen Wert gibt. Was bedeutet es schon, in Brüderlichkeit zusammen zu sein, während man gleichzeitig nach links und rechts ausschlägt und Kriege macht? Und das ist noch für viele Länder der Fall!

Wie viele von diesen hundertdreiundneunzig Staaten sind wirklich Demokratien? Die Frage stellt man mir manchmal, wenn ich für die UNO plädiere. Dann sagt man mir: »Jaja, Ihre UNO, aber wie viele dieser Länder sind wirklich Demokratien?« Meine Antwort ist dann: »Es sind wenige, aber es werden immer mehr! Das ganze halbe Jahrhundert seit 1950 sind wir doch vorwärtsgekommen. Jedes Jahr sind neue Demokratien hinzugekommen. Es gibt noch viele Staaten, die keine Demokratien sind, und es gibt leider Gottes auch viele Staaten, die es sind und sich als Demokratien vorstellen, aber immer noch nicht alle diese Rechte umgesetzt haben. Man denke nur daran, wie man zum Beispiel Immigranten auch in den besten Demokratien behandelt! Da ist etwas, was mit dem Artikel 13 der Allgemeinen Erklärung der Menschenrechte* nicht zusammengeht. Also, wir sind schuldig, aber es gibt einen Fortschritt!«

Man denke nur an den Erdteil Afrika, da haben wir oft das Gefühl, dass die Zustände dort desillusionierend sind, weil es doch Völkermord und allerlei Schlimmes gegeben hat. Aber selbst in Afrika, wenn man dort ist, fühlt man, dass es vorwärtsgeht. Und vergessen wir nicht, was in Tunesien, in Ägypten und in Libyen geschieht! Und vielleicht morgen in Jemen und in Syrien, da bewegt sich doch was! Also, man darf nicht ungrateful, undankbar sein...

A.M.: Aber warten Sie, ich möchte Sie ein bisschen provozieren. Ich glaube, Sie ertragen das recht gut.

---

* Der Artikel 13 der Allgemeinen Erklärung der Menschenrechte lautet: »1. Jeder hat das Recht, sich innerhalb eines Staates frei zu bewegen und seinen Aufenthaltsort frei zu wählen. 2. Jeder hat das Recht, jedes Land, einschließlich seines eigenen, zu verlassen und in sein Land zurückzukehren.«

S.H.: Ja, gern.

A.M.: Sie setzen offensichtlich ganz große Hoffnung in junge Menschen. Der Saal ist im Schnitt erfreulicherweise, für viele erstaunlicherweise sehr jung. Nun lernen wir aber ausgerechnet von den angesprochenen Revolten in der arabischen Welt – Revolutionen sind es ja nur teilweise –, dass dort sehr wohl eine soziale Bewegung entstanden ist, die sich aber in Europa und auch in Amerika deutlich schwerer tut, wirklich die Massen zu mobilisieren. Ist Ihre Annahme, dass die breiten Bevölkerungsschichten eben für demokratische Werte, die vielleicht banal tönen, aber wie im Fall der Gleichberechtigung unglaublich schwer zu erreichen sind, sich wirklich bewegen lassen, nicht zu weit entfernt von der Realität, nicht ein bisschen gar viel Hoffnung?

S.H.: Ich halte das für unsere Aufgabe! Nicht wahr, wenn so ein Büchlein einen Sinn hat, dann doch den, zu mobilisieren! Die Leute dazu zu bringen, zu denken, dass es noch nicht so gutgeht, wie es gehen sollte, und ihr Interesse für Utopien wachsen zu lassen! Wir dürfen und sollen träumen! Shakespeare hat so schön gesagt: »We failed because we didn't start with a dream. – Wir scheiterten, weil wir nicht mit einem Traum begannen.« Wir sollen träumen und auch wissen, dass unsere Träume noch nicht so weit umgesetzt sind, wie wir es uns wünschen.

Die Mehrheit der Gesellschaft ist wahrscheinlich noch nicht bereit, sich zu mobilisieren. Sie lebt noch mit dem, was sie errungen hat, und denkt sich, dass das schon genug sei. Daher brauchen wir Minderheiten, die sich empören und engagieren. Und solche Minderheiten hat es in allen Perioden der Geschichte immer gegeben. Manchmal bilden sie die Anfänge einer Religion, so zum Beispiel die Apostel von Jesu Christi. Sie haben dann schließlich mit einer kleinen Minderheit ganze Weltteile erneuert. Was also bescheiden anfängt, kann durchaus größer werden, das hoffe ich immer!

A.M.: Ein kleiner Anfang, der also im Idealfall zur Lawine würde! Nun wird Ihnen ja dieses »kleine Büchlein«, wie Sie es sinnigerweise nennen, sowohl in Tunesien als auch auf dem Paradeplatz in Zürich entgegengehalten, ja so ziemlich an allen Orten der Welt. Monsieur Hessel, wird das nicht langsam ein bisschen viel an Verantwortung?

S.H.: Es ist eine Verantwortung, wenn man das sagt, was ich sage, und wenn man ein Buch mit einem solchen Titel versieht wie in meinem Fall, nicht wahr? Den Titel hat mir meine Verlegerin vorgeschlagen, die eine richtige Militantin ist. Sie hat sich für die Ureinwohner Australiens und auch für den Tibet eingesetzt. Sie hat mir gesagt: »Was du da geschrieben hast, das muss stark wirken, und damit es stark wirkt, müssen wir einen starken Titel haben. Nennen wir es also *Indignez-vous!*« Ich habe ihr geantwortet: »Ach Gott, ja! Aber wie wird das interpretiert werden? Wird es dann Leute geben, die daherkommen und sagen: Jetzt müssen wir uns schlagen, jetzt müssen wir draufloshauen?«

Ich muss betonen, dass der Titel zwar provokativ ist, aber wenn man das Büchlein liest und auf die drei letzten Seiten kommt, steht da genau geschrieben, dass man sich gewaltlos empören, eben nicht auf Gewalt zurückgreifen soll. Man muss die großen Beispiele von Nelson Mandela, Michail Gorbatschow, Václav Havel, Mahatma Gandhi und Martin Luther King vor Augen haben. Das waren Leute, die keine Gewalt wollten und doch vieles erreicht haben. Also, man kann das schon sagen, aber man muss vorsichtig sein. Sie haben ganz recht, lieber André Marty, es besteht die Gefahr, dass man dieses Buch nur kurz durchgeht und dann sagt: »Jetzt müssen wir draufloshauen!« Andererseits sind die Regierungen oft nicht bereit, zu akzeptieren, dass es junge oder auch ältere Menschen gibt, die Gründe haben, sich zu empören. Aber es gibt auch welche, die das gut verstehen, Gott sei Dank, und die sich sagen, na ja, lassen wir sie sich empören und mobilisieren. Wir werden dann sehen, wie effektiv, wie wirksam sie sein werden.

A.M.: Versuchen wir es noch mal: Sie haben hier Menschen, die offensichtlich etwas mit der Idee von gewaltlosem Widerstand anfangen können und sich auch engagieren möchten. Wagen Sie denn ein paar Stichworte? Von »politischem Konzept« zu sprechen ist vielleicht ein gar zu großes Wort. Das haben schon sehr viele vor Ihnen versucht und bei der Umsetzung wenig Glück gehabt. Haben Sie ein paar Stichworte, wie ich mich heute in einer Realität, wie sie zum Beispiel die Schweiz nun mal ist, ganz konkret engagieren kann?

S.H.: Also, das ist die wichtigste Frage, und ich danke Ihnen, dass Sie sie gestellt haben. Ich denke, es gibt mindestens zwei Arten, wie man sich heutzutage engagieren kann. Es gibt die sogenannten Nichtregierungsorganisationen, die NGOs. Die kennen wir alle, ob sie nun Amnesty International, Human Rights Watch oder Ligue des droits de l'Homme heißen. Sie können in einem oder mehreren Ländern vertreten sein. Sie können so vernetzt sein wie zum Beispiel die Bewegung Attac, deren Präsidentin Susan George* kürzlich ein schönes Buch mit dem Titel *Leurs crises, nos solutions* geschrieben hat. Was die Mobilisierung von so vielen Leuten betrifft, muss man feststellen, dass sie heute aufgrund der neuen Technologien viel besser miteinander kommunizieren können als zur Zeit meiner Jugend – damals hatte man vielleicht schon das Telefon, aber keinen Fernseher und vor allem nicht das Internet –, man kriegt wirklich das Gefühl, dass eine soziale Bewegung eine gewisse Wirksamkeit erlangen kann. Aber die Gefahr besteht, sollte man sich nur auf diese Weise, über den Weg von NGOs, einsetzen und engagieren, dass die Regierungen und die Parlamente unbeaufsichtigt arbeiten werden, weil der zivilgesellschaftliche Einfluss auf sie abnimmt. Daher ist es wichtig, sich nicht nur in Nichtregierungsorganisationen zu engagieren. Wenn ich junge Menschen sehe, wie sie sich zum Beispiel hier in Zürich zur Occupy-Paradeplatz-Bewegung zusammentun, so ist ihre Mobilisierung gut und notwendig. Aber sie sollten dann später auch den Weg in die Parteien machen, die die Regierungen wirksamer beeinflussen können. Man muss die Jugendlichen, die man für ihre Energie und ihren Willen, sich zu empören und zu enga-

---

* Susan George, geboren 1934 in Akron/Ohio, Schriftstellerin und Politikwissenschaftlerin, zwischen 1999 und 2006 Vizepräsidentin von Attac France. Sie lebt in Frankreich.

gieren, bewundert, als Vorbilder nehmen, damit die großen anstehenden Veränderungen durch die Parlamente, Regierungen und internationalen Organisationen wie die UNO und andere durchkommen. Kurzum, man soll sich also gewissermaßen nicht »beiseite«, sondern »mittendrin« engagieren.

A.M.: Nun zeigen uns aber die arabischen Revolten ja eigentlich genau das Gegenteil! Nicht der Apparat, sondern die sogenannte Zivilgesellschaft, also die Menschen quer durch alle Schichten hindurch waren es, die auf die Straße gingen und ihre Diktatoren, zumindest in einzelnen Ländern, zum Teufel gejagt haben. Das würde aber gegen Ihre These des politischen Agierens innerhalb der institutionalisierten Politik sprechen. Und wenn ich eine kleine Desillusion hinzufügen darf oder muss: Mit dem letzten Wahlsonntag ist das Durchschnittsalter des Schweizerischen Nationalrates jünger geworden, es liegt jetzt nur noch bei 51 Jahren.

S.H.: Um auf den Arabischen Frühling zurückzukommen, so interessiert mich ganz besonders folgende Tatsache: Das Erste, was die Tunesier auf ihre Agenda gesetzt haben, als sie Ben Ali losgeworden sind, waren Wahlen zu einer Verfassunggebenden Versammlung. Das bedeutet also, dass sie eine Demokratie aufbauen wollen, und zwar wollen das nicht nur die explizit demokratischen Kräfte, sondern auch die Partei der Ennahda*, vor der einige

---

* Die Ennahda ist eine islamische Partei in Tunesien. Bei der Wahl zur Verfassunggebenden Versammlung im Oktober 2011 wurde sie stärkste Partei des Landes.

Angst hatten und sich sagten, dass sie Islamisten seien und vielleicht gar keine Verfassung, sondern die Scharia wollen. Auch sie haben sich den demokratischen Kräften angeschlossen und beteuerten: Wir brauchen eine Verfassung, und wir brauchen Demokratie.

Auch in Ägypten wurde der Weg zu Wahlen eingeschlagen. Ich denke, gerade da, wo sich Empörung breitmacht und man erst mal den Diktator stürzen will, oder auch in Spanien, wo Unzufriedenheit über die Art und Weise bekundet wird, wie man regiert wird, ist der nächste Schritt dann der, die Forderung nach einer Verfassung oder nach neuen Wahlen zu stellen. Zudem zeigt die jüngere Generation im Westen genügend Klugheit, die Erfahrungen des 20. Jahrhunderts zu verarbeiten und sich zu sagen, dass man hier eine Revolution nicht mehr so braucht, wohl aber eine Verfassung und eine Demokratie. Das macht mir große Freude!

A.M.: Etwas weniger Freude bereiten Sie ja verschiedenen Vertretern des Staates Israel, die es mäßig schätzen, dass Sie Boykottaufrufen gegenüber Produkten aus israelischen Siedlungen, ich will es mal so formulieren, nicht heftig widersprechen. Können Sie das tatsächlich mit gutem Gewissen tun?

S.H.: Ja, mit ganz gutem Gewissen! Die Europäische Union hat mit anderen Ländern Verträge abgeschlossen, die darauf bestehen, dass die Menschenrechte in denjenigen Ländern respektiert werden sollen, mit denen wir handeln. Wenn also Israel die Menschenrechte nicht respektiert, dann hat das auch für unsere Handelsbeziehungen Folgen.

Merkwürdigerweise hat nun aber die Europäische Union Israel gegenüber bekundet, dass sie nicht weniger, sondern im Gegenteil den Ausbau der Handelsbeziehungen will. Das stellt eine Verletzung der Verantwortung für die Menschenrechte dar, die die Europäische Union hat. Mit einem Land in Handelsbeziehungen zu treten, das illegale Kolonien unterhält und auf besetztem Boden Unternehmen errichtet, ist etwas, das man nicht annehmen darf.

Ich weiß, dass ich von vielen, auch von Freunden, die sehr von Israel beeinflusst sind, als jemand angesehen werde, der sich zu sehr gegen Israel sträubt. Sie fragen mich dann, warum ich immer wieder Israel kritisiere und nicht mal den Sudan oder Tschetschenien. Ich antworte jeweils, dass das damit zusammenhängt, dass ich in den letzten Jahren viel in Palästina gewesen bin und gefühlt habe, dass man auf Israel Druck ausüben muss. Boykott kann ein Mittel sein, damit das Land endlich versteht, dass seine Politik den Palästinensern gegenüber unmenschlich ist und beanstandet werden muss.

Das kommt natürlich auch in unserem Russell-Tribunal zu Palästina immer wieder zur Sprache. Nächste Woche sitze ich erneut in Kapstadt mit meinen Kollegen aus der Jury des Tribunals zusammen, und gemeinsam werden wir bekunden, dass diese Art und Weise, die Palästinenser zu behandeln, unmenschlich ist und wir etwas dagegen tun müssen.

A.M.: Wer das Privileg hat, in Ihrem Alter noch so fit zu sein, der wird ja von sehr vielen Leuten zutiefst bewundert. Was um alles in der Welt treibt Sie eigentlich jeden Morgen wieder an, von neuem zu intervenieren, teils sehr provokative Positionen einzunehmen und sich damit mit Sicherheit nicht nur Freunde zu machen? Was bewegt Sie noch?

S.H.: Was mich bewegt, ist, mit solchen Menschen wie Ihnen, Herr Marty, zusammenzusitzen. Menschen, die die richtigen Fragen stellen, sind für mich besonders wichtig. Nicht wahr, man hat immer das Gefühl, dass man schon tausendmal dieselben Sachen gesagt hat. Aber wenn jemand wie Sie die Fragen gut stellt und auch historische Daten liefert, dann ist das immer wieder ein großes Vergnügen für mich. Natürlich bin auch ich nicht frei von Narzissmus, ganz im Gegenteil, nicht wahr? Ich nehme mich natürlich auch als jemanden wahr, den man beklatscht, und das ist doch wunderbar. Aber es ist natürlich auch für meine Bescheidenheit – ich bin ja nicht nur narzisstisch, sondern auch manchmal sehr bescheiden – immer wieder eine Gefahr, das Gefühl zu haben, das ich an Stelle meiner Botschaft anerkannt bin. Es freut mich zudem immer wieder, mit Freunden zusammenzuarbeiten. Nichts ist mir lieber, als mit einem Mann wie Edgar Morin zusammen ein Buch geschrieben zu haben. Dieses Buch ist kürzlich herausgekommen, und wir haben es *Le chemin de l'espérance*, Wege der Hoffnung genannt. Das ist es, was mich gerade bewegt. Ich bin glücklich, unseren empörten Freunden auf dieser Welt zeigen zu können, dass es einen Weg zur Hoffnung gibt, den wir alle zusammen jetzt beschreiten können!

A.M.: Gut. Ich schlage vor, jetzt zu den spannenden Fragen aus dem Publikum überzugehen. The floor is yours, und

Saalmikrophone sind auch da! Wenn ich eine Bitte äußern darf und wenn Sie damit einverstanden sind, so wäre es am interessantesten, wenn Sie Ihre Fragen so kurz und präzise wie nur möglich fassen. Wer möchte gerne die berühmte erste Frage stellen? Bitte schön!

Frage aus dem Publikum: Sie schreiben in Ihrem letzten Buch über gewaltlosen Widerstand. Sie sagen einerseits, es sei unmenschlich, was in Palästina passiert, plädieren aber andererseits für Gewaltlosigkeit. Sie waren ja auch während des Zweiten Weltkrieges ein französischer Widerstandskämpfer. Wo machen Sie jetzt den Unterschied fest mit Blick auf Palästina? Ich darf zu dieser Frage noch hinzufügen, dass ich selber Palästinenser bin.

S.H.: Das ist eine sehr interessante Frage, und sie ist gar nicht so leicht zu beantworten. Keine historische Situation gleicht einer anderen. Was wir damals erlebt haben, nämlich das Urschlimme eines nationalsozialistischen Deutschlands einerseits und das immer noch sehr traurige Kapitel der Regierung Vichy, also des Frankreichs Pétains andererseits, dagegen musste man natürlich kämpfen. Angesichts der Schlagkraft der Wehrmacht und der Gestapo musste man sich auf alle Arten wehren, sogar auf kämpferische und gewaltvolle Art und Weise. Man musste auch Züge in die Luft sprengen und möglicherweise auch Offiziere töten, um zu zeigen, dass diese große Gefahr, dass diese Urkraft nicht anzunehmen ist. Gegen die Regierung Vichy musste man aber gewaltloser vor sich gehen. Man musste versuchen, sie zu überzeugen und sie für den Widerstand gewinnen.

Nun, wie sieht es in Palästina aus? Es gibt, Gott sei Dank, eine Minderheit in Israel, die sich für die Palästinenser einsetzt. Ich denke an eine so wunderbare Journalistin wie Amira Hass* oder an einen Aktivisten wie Michael Warschawski** vom Alternative Information Center. Solche Personen sind es, mit denen man eine Beziehung aufrechterhalten muss, um gewaltlos zu versuchen vorwärtszukommen. Aber wenn die israelische Armee so gewaltig zuschlägt, wie es Anfang 2009 während der militärischen Operation »Gegossenes Blei« in Gaza der Fall gewesen ist, dann ist es natürlich unmöglich, ohne Gewalt auszukommen. Man muss immer vor Augen haben, dass, wer Gewalt ausübt, sich auch der Gegengewalt aussetzt. Und wenn man jemandem gegenübersteht, der viel mehr Macht hat, dann muss man schon bedenken, dass Gewalt eine Gefahr ist, weil sie eine größere Gewalt provozieren kann.

A.M.: Erlauben Sie mir in diesem Zusammenhang eine Bemerkung: Es wäre ganz wichtig, das humanitäre Völkerrecht bei einer solchen Frage zu berücksichtigen, also das Grundprinzip der ganz klaren Unterscheidung zwischen Zivilisten und Kämpfern. Es ist nicht dasselbe, ob ein Soldat oder eine Zivilperson angegriffen wird. Dies sei ein-

---

* Amira Hass, 1956 in Jerusalem geboren, ist eine in Ramallah lebende israelische Journalistin und Buchautorin, Korrespondentin der liberalen israelischen Tageszeitung Haaretz. 2009 erhielt sie den Menschenrechtspreis der »Reporter ohne Grenzen«.

** Michael Warschawski, 1949 als Sohn eines Oberrabbiners in Straßburg geboren, ist ein israelischer Friedensaktivist und Publizist. 1984 gründete er das Alternative Information Center (AIC), das Aktivisten der israelischen und palästinensischen Friedensbewegung umfasst: www. alternativenews.org.

fach als ein Einschub genannt, als ein maßgebendes, entscheidendes Kriterium, was den sogenannten bewaffneten Widerstand betrifft.

Frage aus dem Publikum: Was sagen Sie zu einer offiziellen Schweiz, die auf ihre humanitäre Tradition stolz ist und gleichzeitig mit Israel Geschäfte macht, sogar militärisch zusammenarbeitet und das Land als Freund bezeichnet? Ich bin empört deswegen! Was sagen Sie dazu?

S.H.: Ja, ich auch! Es ist so, dass gerade unsere Regierungen und darunter auch die besten von ihnen immer am liebsten Waffen verkaufen wollen, denn das bringt gutes Geld ein. Und, na ja, wem verkauft man seine Waffen? Freunden natürlich! Warum sollte man also nicht ein Freund von Israel sein, das doch ein Land ist, mit dem man gute Beziehungen hat? Wollen wir ihm also ruhig auch Waffen verkaufen! Wenn man sich aber dann genau ansieht, was aus diesen Waffen wird und gegen wen sie eingesetzt werden, dann ist Vorsicht geboten. Wir dürfen es nicht zulassen, dass unsere demokratischen Regierungen sich nicht genügend gegen Menschenrechtsverletzungen wehren. Wenn diese Rechte von einem Land wie Israel nicht respektiert werden, dann müssen wir dagegen etwas tun.

Frage aus dem Publikum: Wie können Sie als ein Verfechter der Demokratie mit einem Vetorecht leben, über das einige Länder in der UNO verfügen? Wie ist das mit den demokratischen Traditionen unserer Gesellschaften zu vereinbaren?

S.H.: Es ist schwer zu vereinbaren, aber man kann es erklären. Man muss dabei berücksichtigen, dass die UNO ein Kind des Zweiten Weltkriegs ist. Der Zweite Weltkrieg wurde nicht von einer einzigen Nation gewonnen, sondern war das Resultat von sehr verschiedenen am Krieg beteiligten Partnern. Einerseits wäre der Krieg nicht beendet worden, hätte nicht die Sowjetarmee das meiste dafür geleistet. Andererseits war Roosevelt der Einzige – und dafür müssen wir ihm sehr dankbar sein –, der das Gefühl hatte, dass wir jetzt eine Weltorganisation, eben die Vereinten Nationen, brauchen, in der alle Sieger des Zweiten Weltkriegs zusammensitzen dürfen, um, nachdem wir Faschismus und Nazismus bekämpft haben, gemeinsam das zu erreichen, was wir uns nun wünschen.

Man brauchte eine Charta dazu, um das zu erreichen. Diese wurde am 26. Juni 1945 in San Francisco verabschiedet. Alle Sieger des Krieges waren mit dabei. Sie wollten aber auch die Gewissheit haben, dass ihre Probleme berücksichtigt werden. Das war der Grund, dass man sich diesen Sicherheitsrat erdacht hat, in dem die fünf Sieger des Zweiten Weltkriegs das Recht hatten, ein Veto zu bekunden, wann immer es ihnen sinnvoll erschien.

Die Frage ist aber jetzt: Ist das heute noch gerechtfertigt? Diese Frage ist mit einem klaren Nein zu beantworten! Damals nach dem Sieg war das Veto ein notwendiges Mittel, um die unterschiedlichen Partner zusammenzubringen. Keiner hätte es akzeptiert, von einer Mehrheit in Schwierigkeiten gebracht zu werden, von daher die Idee des Sicherheitsrates und des Vetos. Wir müssen auch berücksichtigen, dass dieses Veto nur im Sicherheitsrat existiert. In allen anderen Organisationen der UNO ist eine richtige Abstimmung, Nation um Nation, notwendig. Nur die Mehrheit ist maßgebend, und ein Veto existiert nicht.

Sind wir aber heute bereit, zuzugeben, dass wir eine Reform der UNO brauchen? Seit fünfzehn Jahren sage ich, dass wir eine Reform der UNO dringend brauchen. Ich saß zu diesem Zweck mit Richard von Weizsäcker in einem Gremium. Wir haben überlegt, wie wir das Veto abschaffen oder den Sicherheitsrat so verändern könnten, dass er in Zukunft nicht fünfzehn, sondern vielleicht fünfundzwanzig Mitglieder umfasst. Zehn davon und nicht nur fünf wären permanente Mitglieder, und jedes besäße nicht ein einzelnes Vetorecht, sondern nur ein besonderes Recht, nämlich mit den anderen eine Zweidrittelmehrheit zu erreichen. Das wäre eine wichtige Reform der UNO, sie ist allerdings im Augenblick sehr schwer durchzubringen. Ich halte es aber nicht für unmöglich, dass in den nächsten Jahren Bewegung in die Sache kommt. Dann könnten wir das Veto, so wie es heute noch in Kraft ist, loswerden.

Äußerung aus dem Publikum: Guten Abend und vielen Dank für die Ermutigung und die Courage! Ich komme aus Südafrika, und ich muss betonen, dass damals der Boykott gegen Südafrika ein großes Druckinstrument war. Er hat geholfen, eine Veränderung herbeizuführen. Und Sie haben absolut recht, als Minderheit kann man viel mehr tun, und das auch ohne Angst.

S.H.: Danke schön, ein gutes Beispiel, das Sie uns geben! Ich bin mit Ihnen ganz einverstanden. Wir müssen aus der Geschichte lernen und uns überlegen, wie wir Ihr Beispiel auf andere Länder übertragen können.

Frage aus dem Publikum: Monsieur Hessel, wie werden Sie also verhindern, dass die Vereinigten Staaten gegenüber den Palästinensern schon wieder ihr Veto einlegen werden?

S.H.: Das ist natürlich das Problem, und wir müssen jetzt zunächst mal abwarten. Aber Ihre Frage verweist auf etwas Grundsätzliches, nämlich: Wie kann man prinzipiell etwas erreichen? Seit Jahren bestehe ich darauf, dass Worte zwar wichtig, aber Taten noch wichtiger sind. Ich habe mein Leben lang Vorträge gehalten, ich habe also schon viel geredet. Und die Rede fordert immer: Wir müssen dieses oder jenes tun und erreichen! Die Frage ist dabei in solchem Zusammenhang immer wieder: Wie kommt man von der Rede zur Tat und zum Handeln, die etwas bewirken können?

Das Russell-Tribunal zum Bespiel verstehe ich als eine Aufmunterung an die Zivilgesellschaft, sich zu engagieren. Gerade in diesem fürchterlichen Konflikt zwischen Israel und Palästina ist es sehr schwer, ein Engagement zugunsten Palästinas in Gang zu bringen. So viele Menschen haben große Bewunderung für Israel und niemand für die Palästinenser. Viele sagen sich, dass es nicht nur den Palästinensern, sondern auch anderen Völkern schlechtgeht, wir also ruhig froh sein sollten, dass es wenigstens Israel gutgeht! Solche Argumente und Kurzschlüsse hört man überall, so dass es gar nicht leicht ist, den Leuten zu begegnen und ihnen zu sagen, so aber darf es nicht weitergehen.

Eines hat mich in jüngster Zeit ganz besonders gerührt und gefreut, das möchte ich noch erwähnen. Auf dem Boulevard Rothschild in Tel Aviv haben sich Menschen versammelt, die sich empörten und skandierten, dass sie nicht weiter dulden werden, wie es bei ihnen zu- und hergeht. Na ja, im ersten Augenblick war der Grund für sie nur, weil der Käse zu teuer geworden ist! Aber wenn sie nachdenken, warum dieser so teuer geworden ist, und darauf kommen, dass die israelische Wirtschaft darunter leidet, dass so viel Geld für Tsahal* und für die Besetzung von Palästina ausgegeben wird, dann werden sie sich langsam fragen, ob das denn die richtige Regierung sei und ob man nicht eine andere Regierung haben sollte. Das wäre natürlich ein Fortschritt!

Frage aus dem Publikum: Mich interessiert Ihre Sicht auf den Friedensprozess der letzten Jahre und auch, was Sie beiden Seiten empfehlen, um eine Lösung zu finden.

A.M.: Ich nehme an, er spricht von Israel und Palästina. Das Wort »Friedensprozess« ist speziell, aber lassen wir die Frage mal so im Raum stehen, Herr Hessel.

S.H.: Also, ich halte den Friedensprozess für gar nicht so unmöglich, aber ich glaube nicht, dass ein Druck auf Israel allein genügt, obwohl ich ihn, wie bereits gesagt, befürworte. Dem Land muss gezeigt werden, dass Verletzungen der Menschenrechte nicht toleriert werden können. Die Israelis haben aber von sich das Gefühl, zu wissen,

---

* Tsahal: israelische Streitkräfte.

was sie wollen, und dass man ihnen nicht reinreden darf. Die Frage ist also: Könnten umgekehrt die Palästinenser etwas anderes tun, als sie es bereits getan haben? Die Antwort ist: Ja, sie könnten sich natürlich noch mehr zusammentun. Das ist auch schon mit der Einigung von Hamas und Fatah geschehen und war relativ leicht zu erreichen.

Das Einzige, das wirklich Bewegung in den Friedensprozess bringen könnte, wäre aber ein Wandel der israelischen Regierung. Israel hat mit Premierminister Benjamin Netanjahu und Avigdor Lieberman* als Außenminister derzeit die rechteste Regierung, die es je gegeben hat. Es kann schon sein, dass die Israelis den Eindruck bekommen werden, dass sie in der Welt immer weniger beliebt sind. So unterstützt beispielsweise selbst die Türkei, die doch bisher ein alliiertes Land war, sie nicht mehr. Selbst in den Vereinigten Staaten gibt es mittlerweile nicht nur die Lobby des AIPAC**, die sie unterstützt, sondern auch die J STREET***, die Israel nicht mehr so wohlgesinnt ist. Auf die Dauer werden die Israelis gezwungen sein, über einen anderen Weg nachzudenken und sich zu sagen, dass Sicherheit das größte Gut ist, das sie brauchen. Diese aber kann nur dann garantiert werden, wenn sie friedliche Beziehungen mit ihren Nachbarn haben. Wenn Israel so räsonieren würde, hätte es sofort die Unterstützung aller

   * Avigdor Lieberman, geboren 1958, derzeitiger Außenminister Israels aus dem rechtsnationalistischen politischen Spektrum und Siedler. Mit seinen Äußerungen zum Friedensprozess löste er weltweit Empörung aus.
  ** AIPAC, Abkürzung für American Israel Public Affairs Committee, ist eine pro-israelische Lobby.
*** J STREET ist eine 2008 gegründete US-amerikanische Bürgerinteressengruppe. Ihr Ziel ist die friedliche und diplomatische Beilegung des Nahostkonflikts. Sie fordert eine Neuausrichtung der amerikanischen Politik mit Schwerpunkt auf Diplomatie statt militärischer Konfrontation.

Länder. Wenn Israel zu der Überzeugung käme, dass es an seiner Seite einen palästinensischen Staat geben kann, der freundliche Beziehungen zu Israel unterhält, dass Jerusalem in West- und Ostjerusalem zweigeteilt werden kann, ohne dass Israel seine zukünftige Hauptstadt Westjerusalem verliert, ja sie überhaupt erst gewinnt, wenn in dieser Stadt die drei großen abrahamitischen Religionen vereint sind, dann wäre dass ein wahrhafter Fortschritt für Israel.

Könnten die Israelis aber auf diese Gedanken kommen? Ich sage, es ist nie unmöglich. Selbst die schlimmsten Regierungen, die es in der Geschichte gegeben hat, waren manchmal von ihren Positionen zugunsten besserer abgerückt. Ich erwarte natürlich mit Ungeduld, dass Europa, Amerika und die Vereinten Nationen sich Israel widersetzen und ihren Willen kundtun. Aber ich setze noch mehr Hoffnung in die Möglichkeit, dass die Israelis selber verstehen werden, dass es ihnen so nicht besser, sondern, im Gegenteil, jedes Jahr schlechter gehen wird. Sie müssen zu dem Schluss kommen, dass sie durch ihre gegenwärtige Politik unbeliebter werden und dass sie eine andere, neue Politik brauchen. Das wäre wunderbar, aber noch hat sich leider dergleichen nicht gezeigt!

Frage aus dem Publikum: Monsieur Hessel, ehrlich gesagt, glauben Sie noch an eine Zweistaaten-Lösung, sagen wir, noch in Ihrem Menschenleben?

S.H.: Also, eine Einstaaten-Lösung wäre natürlich das Beste im Sinne der Menschenrechte und auch in dem Sinn, dass Gesellschaften zusammenfänden. Aber eine solche Lösung ist nur möglich, wenn die Israelis davon absehen, ein rein jüdischer, ein hauptsächlich jüdischer Staat sein zu wollen. In einer Einstaaten-Lösung würden natürlich die Israelis eine Minderheit werden, nicht gleich zu Beginn, aber nach ein paar Jahren, und das würde auch bedeuten, dass dieses Land für die Juden der ganzen Welt nicht mehr ein Ort ist, wo sie sich zu Hause fühlen. Das so zu sehen widerspiegelt aber eine religiöse und nicht eine staatliche Beziehung zum Land, und darüber wird man nachdenken müssen.

Vielleicht wird die Zeit einmal kommen, in der Israel zu einer richtigen, modernen Demokratie finden wird und sich sagt, dass es keine jüdische Mehrheit braucht und es auch mit einer Mehrheit von Muslimen demokratisch leben kann. Aber diese Lösung empfinde ich noch als völlig unwahrscheinlich. Daher glaube ich, dass die einzige Lösung heutzutage die Zweistaaten-Lösung ist.

Äußerung aus dem Publikum: Sehr geehrter Herr Hessel, dies ist keine Frage, sondern dies soll ein Dank sein, ein Dank für Ihre ebenso heiteren wie klaren Worte, mit denen Sie Wahrheiten ausgedrückt haben. Und ein ganz spezieller Dank, dass Sie mehrmals die Organisation Occupy Paradeplatz erwähnt haben. Wir laden Sie im Namen der Vollversammlung ganz herzlich ein, sich selber ein Bild zu machen, wie wir in ähnlicher Art wie Sie mit uns, in dieser liebevollen und heiteren Art, miteinander umgehen. Ich lade jeden ein, der hier im Saal ist und sich empört über Dinge, die in der Finanzindustrie abgehen, sich ein Bild von uns zu machen. Vielen Dank, lieber Herr Hessel.

A.M.: Wir versuchen es, wenn möglich, wieder mit ein paar Fragen!

Frage aus dem Publikum: Wir sind derzeit in einer Wirtschaftskrise, die man oft die »große Rezession« nennt. Von ihr sagt man, dass sie vielleicht bald so schlimm sein wird wie die große Depression von 1929. Gleichzeitig haben wir einen Nationalismus, ja Neofaschismus, der bis in die Parlamente hineinreicht. Ich denke dabei an Italien, an die ehemaligen Ostblockstaaten, zum Beispiel an Ungarn, und an Skandinavien, ja auch an die Schweiz. Wen, wenn nicht Sie, soll ich fragen: Wie ernst können Sie solche Vergleiche vor dem Hintergrund Ihrer Biographie nehmen?

S.H.: Wir sind in einer sehr gefährlichen Situation. Im Moment befinden wir uns in einer äußerst gefährlichen Krise der Banken und in einer Krise der Markt- und der Finanzwirtschaft. Die Krise ist noch nicht überwunden. Gleichzeitig aber mit dem Aufstieg von Finanzmächten, die wir bis jetzt nicht demokratisch unter Kontrolle haben, kommen überall wieder nationale Gruppen hervor, Gruppen mit einem faschistischen Hintergrund.

All das zusammen ist sehr gefährlich. Vielleicht aber wird bald eine Zeit sein, in der wir verstehen werden, was wir bis jetzt noch nicht verstanden haben, nämlich, dass die neoliberale Ökonomie an ihr Ende kommt und dass John Maynard Keynes*, ganz im Gegensatz zu Milton

---

* John Maynard Keynes (1883–1946), britischer Ökonom, Namensgeber des sogenannten Keynesianismus, der über eine Politik der Staatsausgaben und der fiskalischen Politik die gelenkte Volkswirtschaft und den Wohlfahrtsstaat zum Ziel hat.

Friedman*, wieder Aufwind bekommt! Das ist eine Möglichkeit, auf die wir uns stützen sollten.

Frankreich wird sehr wahrscheinlich im nächsten Jahr zudem seinen derzeitigen Präsidenten los, und im Sommer wird die neue Weltkonferenz Rio+20 stattfinden. Da werden wir noch einmal genau erfahren, wie weit die Gefahren für unsere Erde gediehen sind, wie schlimm es aussieht!

Im Augenblick lese ich viele Bücher, die genau Auskunft darüber geben, wie gefährlich es sein wird, wenn wir nicht mehr genügend Getreide und Trinkwasser für alle Menschen auf dieser Welt haben, und wie es sein wird, wenn wir immer einschneidendere klimatische Veränderungen haben werden. Wir sollten mehr Bücher lesen, die uns darauf aufmerksam machen, dann werden wir vielleicht aufwachen! Wir müssen endlich unseren Schlaf beenden, damit diese Gefahren nicht unbekämpft bleiben.

Frage aus dem Publikum: Lieber Herr Hessel, ich bewundere Sie! Ich wünsche Ihnen ein langes Leben, eine neue Jugend und alles Gute, Gesundheit und Zufriedenheit. Sie haben uns allen Hoffnung gegeben. Sie haben uns jung gemacht, wir haben neue Kraft bekommen. Ich möchte an einen Ausspruch von André Malraux erinnern: »Le XXIème siècle sera religieux ou ne sera pas. – Das 21. Jahrhundert

---

* Milton Friedman (1912–2006), einflussreicher amerikanischer Ökonom liberalistischer Provenienz und Ziehvater des Neoliberalismus. In seinem Klassiker *Kapitalismus und Freiheit* (1962) fordert er die Minimierung der wirtschaftlichen Rolle des Staates und setzt auf maximale Privatisierung aller wirtschaftlichen Belange.

wird eines der Religion oder wird überhaupt nicht sein.«*
Was denken Sie von diesem Satz?

S.H.: Ich denke, das ist ein ziemlich problematisches Thema, denn Religion kann sehr gefährlich sein. Ich bin kein Anhänger von irgendeiner monotheistischen Religion. Ich denke, die Monotheismen, die wir im Lauf der Geschichte der Menschheit gekannt haben, stellen mehr Gefahren für die Menschheit dar als einen wirklichen Fortschritt. Natürlich trugen auch sie zu großen Fortschritten im Denken des Menschen und in seinem Bild von ihm bei. Aber wenn Religionen proklamieren, dass ihr Gott der einzige sei und andere Religionen nichts gelten, dann stehen wir eben vor der Gefahr, die André Malraux wahrscheinlich vorausgesehen hat. Francis Fukuyama** hat wieder auf andere Weise das thematisiert, ihm zufolge wird das 21. Jahrhundert ein Jahrhundert von Kulturen sein, die im Konflikt stehen.

Eine solche Sichtweise muss überwunden werden, und ich stelle eigentlich genau das Gegenteil fest! Ich glaube, Malraux hat recht, was die Existenz von Religionen in unserem Jahrhundert betrifft. Aber für mich ist es eine besondere Genugtuung, zu sehen, dass gerade der Arabische Frühling nicht auf einen Islamismus hinausläuft, sondern versucht wird, die Scharia gleichzeitig mit demokratischen Werten zu verbinden. Man kann also hoffen, dass

---

* André Malraux (1901–1976), französischer Schriftsteller und Politiker. Unter de Gaulle leitete er bis 1969 das Ministerium für kulturelle Angelegenheiten. Das Zitat wird fälschlicherweise André Malraux zugeschrieben.
** Francis Fukuyama, geboren 1952 in Chicago, ist ein US-amerikanischer Politikwissenschaftler. Von ihm stammen u. a.: *Das Ende der Geschichte* (1992) und *Konfuzius und Marktwirtschaft: Der Konflikt der Kulturen* (1995).

es im 21. Jahrhundert zwar Religionen geben wird, aber so, dass sie miteinander in »Brüderlichkeit« leben, wie es der Artikel 1 der Allgemeinen Erklärung der Menschenrechte beschreibt.

Frage aus dem Publikum: Herr Hessel, Sie haben als junger Mann den Antisemitismus erlebt. Heute sind wir in einer Zeit, in der man immer wieder von Islamophobie spricht. Nehmen wir die Schweiz zum Beispiel, wo auf Wahlplakaten Minarette zu Raketen erklärt wurden, nehmen wir Dänemark, wo der Islam karikiert wurde. Es gibt unendlich viele andere Beispiele. Gibt es Ähnlichkeiten? Was denken Sie davon, sind Sie alarmiert?

S.H.: O ja, alarmiert bin ich sehr über dieses Aufkommen von Nationalismus, von Islamophobie und vielleicht morgen auch von Antisemitismus. Solche Verhaltensweisen sind in unserer Menschheit immer vorhanden. Wer ist schuld daran? Vielleicht ist es das Erziehungswesen unserer Gesellschaften der letzten Jahre. Es wurde zu viel Gewicht darauf gelegt, dass man der Bessere und der Stärkere ist, dass man sich gegen die anderen behaupten muss.

Ich spreche immer vom »Gemüt des Menschen«, und es gibt ein egozentrisches Gemüt, das gerade in den letzten Jahrzehnten Aufwind bekommen hat. Die Konkurrenz in der Wirtschaft ist sehr wichtig geworden. Alle jungen Menschen sagen sich, sobald sie aus der Schule kommen, dass sie die beste Beschäftigung bekommen müssen, denn sonst fühlen sie sich nicht mehr nützlich. Eine Beschäftigung, das braucht man, aber das

Privatleben und die Erschaffung von Kunst und Kultur haben an Bedeutung verloren. Wir müssen daran arbeiten, wenn wir das erreichen wollen, was sich so ausgezeichnete Pädagogen wie Janusz Korczak* oder andere gedacht haben, nämlich eine neue Form der Erziehung des Menschen. Wir können die nächste Generation – die meiner fünf Urenkel, die jetzt sieben, sechs, fünf, vier und drei sind, na gut ... – wir können also ihre Erziehung und die Gesellschaft zu einem Gemüt hinführen, das von Brüderlichkeit und nicht von Konkurrenz geprägt ist. Die Frage ans Publikum sei gestellt: Ist das möglich, oder ist das die schlechteste aller Utopien? Also Vorsicht, bitte, meine Damen und Herren!

A.M.: Wir haben noch eine letzte Frage.

Frage aus dem Publikum: Sie haben sich über die Machenschaften der Finanzwirtschaft empört. Wenn man nun wie Sie davon ausgeht, dass die Probleme nicht mehr nur auf nationaler Ebene gelöst werden können, so möchte ich die Frage stellen, wie Sie sich eine transnationale Zusammenarbeit vorstellen und wie man sich als Einzelner da einbringen könnte. Sie haben ja Wert darauf gelegt, dass man sich in die Politik einbringt.

S.H.: Ja, Sie haben ganz recht, diese Probleme können nur weltweit gelöst werden. In diesem Zusammenhang

---

* Janusz Korczak (1878–1942), polnischer Arzt, Autor von Kinderbüchern und bedeutender Pädagoge. Er kam mit zweihundert seiner Pflegekinder, die er in den Tod begleitete, im Konzentrationslager Treblinka um.

stellt sich die Frage: Haben wir denn die nötigen Instrumente dafür? Ich sage: Ja, wir haben sie! Wir haben nicht nur die sogenannte Welthandelsorganisation, wir haben auch ein UNO-Hochkommissariat für Menschenrechte, wir haben den Internationalen Währungsfonds, und wir haben eine Weltbank. Diese verschiedenen Organisationen und Instrumente könnten Lösungen bereitstellen, wenn die wichtigsten Staaten sich zusammentun würden.

Um aus der derzeitigen Krise herauszukommen, müssten sie sich eingestehen, dass weltweite Anstrengungen und neue internationale Bestimmungen notwendig wären. Sie könnten eine globale Harmonisierung der Weltwirtschaft bewirken! Heute aber läuft es auf eine Prekarisierung weiter Teile der Welt hinaus. Gewaltige Unterschiede werden aufgebaut, die es unmöglich machen, dass alle gemeinsam vorwärtskommen. Das Bedürfnis nach einer weltweiten Harmonisierung der Wirtschaften ist allerdings bei vielen zu finden, auch bei vielen Politikern. Man darf nicht denken, dass alle Politiker nur schlecht seien, ganz im Gegenteil. Viele von ihnen sind sehr gut und möchten was dagegen tun. Aber sie können sich nicht genügend einigen, weil sie gezwungen sind, wiedergewählt zu werden, und darum zuerst an ihr Land und nicht an die anderen denken dürfen. Der französische Philosoph und Schriftsteller Montesquieu hat einmal sinngemäß gesagt: Wenn ich etwas kenne, das für mich gut ist, aber für meine Familie schlecht, dann sage ich nein. Wenn ich etwas kenne, das für meine Familie gut ist, aber für mein Land schlecht, dann sage ich auch nein. Wenn ich etwas kenne, das für mein Land gut ist,

aber für die Welt schlecht, dann sage ich ebenso nein.*
Das nenne ich einen richtigen Weltbürger, wie wir ihn brauchen!

A.M.: Ich sehe, Herr Hessel, Sie könnten noch lange mit dem Publikum diskutieren. Ich glaube aber, dass wir mit dieser Botschaft, die sicherlich beim Publikum deutlich angekommen ist, nach Hause gehen können, ohne aufzuhören, weiter nachzudenken. Ich schlage vor, den letzten Satz dieses »kleinen Büchleins«, wie es Herr Hessel sinnigerweise nennt, Ihnen mit auf den Heimweg zu geben. Möchten Sie selber vorlesen, Herr Hessel?

S.H.: Ja, gerne! »Widerstehen heißt Schaffen, Schaffen heißt Widerstehen!« Das ist natürlich ein Satz, der ohne Kontext völlig abstrakt ist. Was bedeutet er aber? Wenn man bedenkt, dass das Schaffen immer gegen Widerstände stößt und dass das Widerstehen immer nur dann wirklich wird, wenn es auch etwas schafft, dann kann ich mich heute Abend von Ihnen, wertes Publikum, mit der Botschaft verabschieden: Bitte steht wieder auf, widersteht und schafft!

---

* Das Originalzitat lautet: »Wüsste ich etwas, das zwar nützlich für mich sein könnte, aber schädlich für meine Familie, so würde ich es mir aus dem Kopf schlagen. Wüsste ich etwas, das zwar nützlich für meine Familie sein könnte, aber schädlich für meine Nation, so würde ich mich bemühen, es zu vergessen. Und wüsste ich etwas, das zwar meiner Nation nützlich sein könnte, aber schädlich für Europa und die Menschheit, so würde ich es als ein Verbrechen ansehen.« Charles de Montesquieu, *Mes Pensées*, Nr. 741.

Habt Mitgefühl!
Auf der Schwelle zur Weltgesellschaft
Stéphane Hessel im Gespräch mit Roland Merk

① der Weg der Menschheit vom CroMagnon zum Tele-technischen Mensch und Gefangenen Wie weit sind wir? 1,5 bis 8 Milliarden in 4 Generationen

② Zusammenhang mit der Natur – Interdependenz und Solidarität

③ Mensch → Gehirn, Herz, Sinn – (5 Sinne + Deutung)

④ das eifersüchtige Denken – Askese – immer Mehr

⑤ das Mitgefühl – (alle Religionen und Ideologien) der bisher unterdrückte

⑥ die Reform ≠ die Revolution

⑦ Was bedeutet heute Philosophie? Anthropologie Levinas – Heidegger. Ich bin kein Philosoph sondern ein Diplomat

⑧ 1945 – Karta der UNO – Allgemeine Erklärung der Menschenrechte. Sich treffen der Zivilisationen. der Zivil verantwortliche Karta der Respekt Rio + 20

⑨ der nächste Kategorische Imperativ. Sloterdijk Schwelle? Metamorphose – Hölderlin.

Stéphane Hessels vorbereitende Gedankenskizze für das Gespräch mit dem Herausgeber Roland Merk © Stéphane Hessel

Roland Merk: Herr Hessel, in Ihrer Rede in Zürich betonten Sie: »Kein Land kann mehr hoffen, allein weiterzukommen, ohne mit der ganzen Weltgesellschaft verbunden zu sein. Das ist das Neue an unserer Epoche! Das müssen wir alle noch lernen, und dafür müssen wir uns gemeinsam einsetzen.« Gerne möchte ich deshalb mit Ihnen das Neue erkunden und die Forderungen, die sie daraus ableiten, besprechen.

Seit dem Erscheinen Ihrer Bücher *Empört Euch!* und *Engagiert Euch!* beschäftigen Sie sich immer mehr mit der Frage, wie die Forderungen gelingenden Lebens in einer Welt wechselseitiger Abhängigkeiten, Sie sprechen von einer »interdependenten Welt«, umzusetzen sind. »Wir müssen eine Welt vorbereiten, die auf dem Mitgefühl für alle anderen aufbaut«, sagen Sie in Ihrer Zürcher Rede. Die Betonung, dass wir in einer interdependenten Welt leben, ändert auch entschieden die Stellung des Menschen in der Welt und den Katalog seiner möglichen Forderungen. In dem auf Französisch Ende 2011 erschienenen Buch *Tous comptes faits ... ou presque** schreiben Sie: »Die Empörung war eine erste Etappe, notwendig, aber unvollkommen. Es braucht ein Denken, eine Per-

---

* Auf Deutsch erschienen unter dem Titel *Empörung – Meine Bilanz* (2012).

spektive, es anders zu machen!« Lassen Sie uns deshalb gemeinsam im Gespräch diese neue Perspektive gewinnen und neue Themen, die Ihnen am Herzen liegen, gemeinsam im Gespräch vertiefen. Jüngst sind Sie, wie ich auch, aus Tunesien* zurückgekehrt. Wollen wir mit diesem epochemachenden Arabischen Frühling beginnen, der auch für die Weltgesellschaft von großer Bedeutung ist?

Stéphane Hessel: Ja, gerne!

R.M.: Herr Hessel, vom Tahrir-Platz über die Wall Street, von Griechenland über Spanien zu Deutschland empört man sich. Ihr Buch *Empört Euch!* ist im Herbst 2010 in Frankreich erschienen. Konnten Sie die Welle der Empörung in den arabischen und westlichen Ländern für das Jahr 2011 voraussehen, oder sind Sie überrascht?

S.H.: Ich bin völlig überrascht, aber seit ein paar Monaten suche ich nach einer Erklärung, warum denn dieses Büchlein von dreißig Seiten eine solche Wirkung gehabt hat – und zwar nicht nur in Frankreich und Deutschland, sondern auch in vielen anderen Ländern. Womit hängt die unglaubliche Wirkung zusammen? Ich würde sagen, wir leben in diesem ersten Jahrzehnt des 21. Jahrhunderts in einer unsicheren Welt. Wir wissen alle, dass wir uns in einer großen wirtschaftlichen Krise befinden. Wir wissen noch nicht, ob sie sich bereits stabilisiert hat oder ob wir noch mittendrin sind, aber wenigstens zeigt die Situation,

---

* Vergleiche das Buch des Herausgebers, *Arabesken der Revolution. Zornige Tage in Tunis und Kairo …* (2011), eine Zusammenarbeit mit tunesischen und ägyptischen Schriftstellern.

dass viele Leute sich unsicher fühlen. Wenn man ihnen dann sagt, ihr sollt euch empören, ihr sollt euch indignieren, weil eure Würde, eure Dignität als Menschen verletzt wurde, dann horchen die Leute auf. Natürlich genügt es nicht, die Menschen aufzufordern, sich zu empören. Man muss ihnen auch sagen, welche großen Gefahren vor ihnen liegen, die es rechtfertigen, dass sie sich empören sollen. Schließlich kam ein paar Monate nach der Veröffentlichung meines Büchleins der Arabische Frühling, zunächst die Aufstände in Tunesien und Ägypten, dann in Libyen und schließlich sogar in Syrien. Es gibt in einigen Ländern an der Mittelmeerküste ein großes Bedürfnis, anders regiert zu werden, als es bisher der Fall gewesen ist. Das hat merkwürdigerweise auch dazu geführt, das zum Beispiel mein Buch in Spanien nicht nur ins Katalanische, sondern auch in andere Sprachen des Landes übersetzt wurde.

R.M.: In Tunis und Kairo lautete die Devise »Dégage!« (Hau ab!), »Kifaya!« (Genug!) oder »Game over!«. In Spanien bezog man sich auf Ihr Büchlein *Empört Euch!* und gab der Bewegung den Namen Los Indignados. Befinden wir uns angesichts der Zustände in der Welt am Vorabend einer globalisierten Empörung?

S.H.: Ja, die Zustände in dieser Welt leiten sich von etwas Gemeinsamem ab. Sie rühren von der Übermacht der Finanzmächte her, die weder transparent noch politisch kontrolliert sind. Viele Leute sagen sich, dass sie nicht mehr auf ihre Regierung zählen können, weil sie sich gegen den Einfluss der Finanzmächte nicht verteidigen können und es nicht schaffen, selber aus der Krise zu kommen. Dieser Umstand verweist auf etwas Globales. Daher ist diese Empörung nicht nur in Diktaturen wie Tunesien und Ägypten vorzufinden, sondern auch in demokratischen Ländern wie Griechenland, Irland, Spanien und Frankreich.

R.M.: In einem »Solidarity Letter from Cairo« schreiben Aktivisten vom Tahrir-Platz an die Occupy-Wall-Street-Bewegung: »Eine ganze Generation über den Globus verstreut ist im Gefühl aufgewachsen, emotional wie rational keine Zukunft zu haben angesichts der aktuellen Ordnung der Dinge.« Die ägyptischen Aktivisten verweisen auf die Strukturanpassungsmaßnahmen in der Ära Mubarak, die dem Land durch die Weltbank und den Internationalen Währungsfonds auferlegt wurden und zum Ausverkauf der öffentlichen Dienste in Ägypten geführt haben – eine Realität, die angesichts der Schulden und der angeordneten Sparpolitik nun auch im Westen ankomme. Wie denken Sie darüber?

S.H.: Ja, ich denke, das ist das Wesentliche. Unsere Probleme sind nicht mehr national zu lösen, weder in Tunesien und Ägypten noch in Europa. Selbst die Hoffnung, dass die Europäische Union so stark sein würde, dass sie die Probleme der europäischen Staaten lösen könnte, wird fraglich. Was in Griechenland, in Spanien oder in Italien geschieht und was sich in anderen Ländern noch ereignen kann, hängt von einer bestimmten Weltordnung ab. Die beiden großen Gefahren, die diese Weltordnung charakterisieren, sind der zu große Reichtum einerseits und die unerhört große Armut andererseits. Der Slogan »We are the 99 percent« der Demonstranten vor der Wall Street spielt darauf an. Diese große Kluft zwischen Reichen und Armen ist eine Gefahr, die wir überwinden müssen.

R.M.: Ist es nicht sehr erstaunlich, dass nun die Leute vom Tahrir-Platz mit denen von der Wall Street kommunizieren? Noch vor kurzem sprach man nur vom »Clash of Civilizations«*!

S.H.: Ja, aber das verändert sich jetzt. Das Interessante ist, dass die Rede vom »Clash of Civilizations«, diese Idee Samuel Huntingtons, wonach Kulturen aufeinanderprallen, nicht mehr aktuell ist. Es ist zum Beispiel von höchster Bedeutung, dass gerade die Partei der Ennahda in Tunesien sofort betont hat, dass sie keinen Islamismus, sondern eine islamische Demokratie wolle. Das bedeutet auch, dass das Bedürfnis des Einzelnen, des Bürgers, ja sagen wir mal, des Weltbürgers, überall das gleiche ist. Seine Botschaft ist: Es sollen die Grundprobleme des Menschen jetzt gelöst werden, also die Probleme im Zusammenhang mit der Produktion und Verteilung der Nahrung, die Probleme der Wirtschaft und der Gesundheit und der Erziehung! Und sollten die Regierenden – ob sie nun Tyrannen oder Demokraten sind – das nicht beher-

---

* Samuel Phillips Huntington (1927–2008) war Politikwissenschaftler und Autor. Er war bis 1998 Berater des amerikanischen Außenministeriums. Sein berühmtestes Werk ist *The Clash of Civilizations and the Remaking of World Order*, erschienen auf Deutsch 1998 unter dem Titel *Kampf der Kulturen. Die Neugestaltung der Weltpolitik im 21. Jahrhundert*.

zigen wollen, dann werden sie mit Empörung rechnen müssen, und zwar mit einer ziemlich generalisierten Empörung aller Bürger!

Natürlich ist die Situation in allen Ländern sehr unterschiedlich. Man kann gar nicht alle Länder miteinander vergleichen. Aber immerhin: Der Gedanke, dass man Widerstand leisten muss, weil es so nicht weitergehen kann, der ist ziemlich allgemein in den Köpfen verbreitet!

Ich habe bereits in meiner Rede in Zürich von den Gefahren gesprochen, die die Welt aktuell bestimmen. Ich sprach von der Kluft zwischen Armen und Reichen, die immer größer und größer wird, aber was vielleicht noch gefährlicher ist, ist die Art und Weise, wie wir mit unserem Planeten Erde umgehen. Wir wissen, dass das Trinkwasser immer rarer wird, und die Energieversorgung beziehungsweise die Kernenergie stellt ein enormes Problem dar. Unsere Probleme sind globale Probleme, aber die Empörung ist lokal. Die Summe aller Empörungen verweist jedoch auf etwas Globales, auf globale Probleme und Gefahren!

R.M.: Das Jahr 2011 brachte zwei Widerlegungen. Zunächst widerlegten die tunesische und die ägyptische Revolution die Vorurteile des Westens gegenüber dem Islam und den Arabern, die seit 9/11 kursierten. Die friedlichen Revolutionen in Tunesien und Ägypten haben ein ganz anderes Bild von den Menschen vermittelt als jenes, das die westlichen Medien seit 9/11 verbreitet haben. Man konnte anhand der Bilder sehen, was ist und wie die Menschen sind, die gegen ihre jeweiligen Diktatoren ankämpfen müssen. Dann wurde mit Fukushima auch unser technischer Machbarkeitswahn widerlegt. Hat der Westen ein Problem? Wie weit ist es mit der Forderung der Aufklärung, selbstkritisch mit sich selber umzugehen? Wieso muss der Westen immer wieder wachgerüttelt werden?

S.H.: Ich denke, der Westen ist nicht mehr, was er noch vor einem Jahrzehnt gewesen ist. Wir waren es, die die Weltgeschichte bestimmten. Wenn es uns gutging, dann ging es auch der Welt gut, wenn es uns schlechtging, dann ging es auch der Welt schlecht. Das ist heute nicht mehr der Fall. Wir leben in einer Welt, in der China so wichtig geworden ist, dass man auf die Idee kam, China könnte dem angeschlagenen Europa ökonomisch helfen. Brasilien, Russland, Indien und China, die sogenannten BRIC-Länder, spielen eine immer wichtigere Rolle. Der Westen muss sich darauf vorbereiten, dass er im Konzert der großen Spieler einer unter anderen sein wird. Das bedeutet auch eine neue Perspektive für die Werte Europas und des Westens insgesamt! Seine Grundwerte wie die Menschenrechte müssen wir verteidigen können. Aber wir können dies nur dann tun, wenn wir sie mit anderen Kulturen verbinden können. Das Gute am Arabischen Frühling ist, dass er sich nicht auf eine rein islamistische Zukunft stützen, sondern den Islam mit Demokratie zusammenbringen will. Das bedeutet für uns, falls wir gut zuhören können, was sich die islamische Welt wünscht, dass wir gemeinsam den demokratischen Weg einschlagen können. Das ist natürlich das, was ich mir besonders wünsche, da ja meine persönliche Lebensgeschichte mit der Mitarbeit an der Allgemeinen Erklärung der Menschenrechte im Jahre 1948 verbunden ist. Die Menschenrechte sollen und müssen unsere Zukunft ausmachen, das ist es, was ich mir besonders erhoffe.

R.M.: Aber das ist doch auch das Problem. Die Forderung des Westens steht, aber die Botschaft kommt beim Adressaten anders an. Lange haben einige Tonangebende im Westen gefragt, ob Islam und Demokratie überhaupt miteinander vereinbar seien. Und noch wenige Tage vor der tunesischen Revolution hieß dessen Diktator in Frankreich »Mon ami Ben Ali«, »Mein Freund Ben Ali«! Wie glaubwürdig kann der Westen angesichts einer solchen Außenpolitik für die Tunesier und für die Araber insgesamt sein?

S.H.: Wir müssen ganz einfach von der Angst wegkommen. Wir haben in den Jahren nach 9/11 in einer Welt gelebt, in der wir vor dem Islamismus, vor al-Qaida Angst hatten. Die islamischen Länder erschienen uns gefährlich, weil wir uns sagten, dass sie sich ja al-Qaida hätten zuwenden können. Die Devise für den Westen war: »Es ist schon besser, wir haben da Tyrannen, mit denen wir uns gut verständigen können, wenn wir sie auch nicht besonders lieben. Aber besser sind sie allemal als dieser Sturm des Islamismus.« Das ist genau die fürchterliche Angst, der wir jetzt entkommen müssen, denn sie ist nicht mehr gerechtfertigt. Wir haben leider noch ein, zwei Länder, die uns Angst machen: Iran und Syrien. Doch generell gelangt diese Situation jetzt an ihr Ende. Wir müssen nun verstehen, dass die Gefahr nicht nur darin besteht, dass im Iran immer noch Khomeinis Gefolgschaft an der Macht ist, sondern auch darin, dass wir keine richtigen Beziehungen mit den islamischen Ländern haben werden, solange wir nicht akzeptieren, dass sie islamisch, aber dennoch demokratisch sein können.

R.M.: Das Christentum war ein kultureller, aber auch ein wichtiger politischer Faktor, der während des Nationalismus im 19. Jahrhundert und später im 20. Jahrhundert zum Beispiel in Italien mit der Partei Democrazia Cristiana eine wichtige Rolle spielte. Frankreichs damaliger Außenminister Alain Juppé hat im März 2011 im Institut du monde arabe in Paris die Forderung gestellt, es sei »Zeit, einen komplexfreien Dialog mit den islamischen Strömungen zu führen«. Kommt diese Einsicht nicht viel zu spät? Einige französische Soziologen haben schon lange darauf hingewiesen und argumentiert, dass im moderaten Islam ein wirtschaftlicher Motor ähnlich dem des Protestantismus auszumachen sei, der ja nach der These Max Webers für den europäischen Kapitalismus eine große Rolle gespielt hat.

S.H.: Also man muss da schon vorsichtig sein. Es gibt natürlich in allen Religionen, im Christentum, auf das Sie schon hingewiesen haben, aber auch im Islam und im Judentum extremistische Tendenzen. Die hat es immer wieder gegeben. Wir hatten immerhin die Kreuzzüge und die Inquisition, die im historischen Gedächtnis Europas fest verwurzelt sind. Aber klar ist, dass der Appell und die Sensibilität für die Menschenrechte und für Demokratie überall zunehmen, in den afrikanischen wie in den islamischen Staaten. Wir haben schließlich Indonesien und die Türkei, das sind gute Beispiele für islamische Länder, die bestrebt sind, sich demokratisch zu entwickeln. Das ist es, was wir jetzt verstehen sollten: Wir müssen die Angst vor dem Islam überwinden. Da hat Alain Juppé ganz recht, es gibt diesen Weg!

Aber man muss auch sagen, dass der islamische Fundamentalismus sehr gefährlich werden kann, solange Armut mit im Spiel ist. Das kann dann zum Beispiel der Fall sein, wenn diese Länder verarmen und ohne wirtschaftliche Perspektiven sind. Wir haben deshalb eine große Verantwortung, aber wir sind zum Glück nicht mehr die einzigen Verantwortlichen. China und Indien sind mitverantwortlich. Und wir besitzen eine Institution, über die diese Verantwortungen gebündelt werden und zur Sprache kommen können, das sind die Vereinten Nationen. Das setzt ein Verständnis der verschiedenen Kulturen voraus und Respekt, um die Werte in Einklang zu bringen.

R.M.: Aber das Verhalten der Industrienationen während des G8-Gipfels in Deauville im Frühjahr 2011 gegenüber Ägypten und Tunesien war beschämend. Da wurde von sehr wenig Geld geredet, von Summen, die in etwa den Militärausgaben in zwei Monaten für Irak entsprechen. Mittlerweile ist mehr Unterstützung versprochen worden, aber es fragt sich, ob die Verantwortung des Westens für diese jungen Demokratien wahrgenommen wird. Nicht mal ein Aufschub der Schuldzinsen wird in Betracht gezogen.

S.H.: Es ist ganz klar, dass wir nach wie vor die Reichen sind. Deshalb müssten wir mit den armen Ländern kooperativere Verbindungen pflegen. Wir versprechen den Entwicklungsländern seit fünfzig Jahren Hilfe. Aber das haben wir so gesagt und dabei eigentlich nichts getan. Im Gegenteil, wir haben die Rohstoffe der jeweiligen Länder, die von internationalem Marktwert waren, noch profitabel ausgebeutet.

Wir brauchen für die Ernährung unserer sieben Milliarden Menschen, die wir jetzt sind, mehr Mittel für die Entwicklungshilfe und Landwirtschaft als bisher geplant. Wir müssen wachsam sein und uns fragen, wie wir allen Ländern die Möglichkeit geben können, ihre Völker über ihre eigene Landwirtschaft selber zu ernähren. Diese Gedanken kommen ja in den großen internationalen Organisationen zum Vorschein, so bei der Ernährungs- und Landwirtschaftsorganisation der Vereinten Nationen oder im Welternährungsprogramm.

R.M.: Immanuel Kant sprach in seiner Abhandlung mit dem Titel *Streit der Fakultäten* vom Enthusiasmus der Völker angesichts der französischen Revolution und sah darin ein »Geschichtszeichen« für den Fortschritt der Menschheit insgesamt. Pflegen wir aber heute nicht eher eine fremdenfeindliche Kultur der Bedenken gegenüber den Völkern, die nun in Revolution sind? Brauchen wir also nicht nur Empörung, sondern auch Enthusiasmus?

S.H.: Ja, es gibt den Enthusiasmus dieser Völker, die sich nun befreien. Man stellt, nicht wahr, sofort den Elan der Tunesier fest, wenn man ins Land geht. Auch wenn sie genau wissen, dass es nicht leicht sein wird, so haben sie doch die Hoffnung! Aber unsere Situation sieht nicht sehr hoffnungsvoll aus. Es sieht ganz danach aus, dass wir noch mehr Schwierigkeiten haben werden! Unser Lebensstil wird sich nicht verbessern können, denn wir müssen aus ökologischen Gründen, statt immer mehr zu wachsen, ökonomisch schrumpfen. So etwas stimmt uns offenbar nicht sehr enthusiastisch. Aber wenn auch kein revolutionärer Enthusiasmus aufkommen wird, so hoffe ich doch, dass meine Bücher das Gemüt der Menschen, die Großzügigkeit, die Liebe und den Respekt für andere, auch die Begeisterung für die Kunst und Dichtung ansprechen und stärken werden! Denn dann wären wir wieder Menschen, die nicht nur Angst davor haben, dass es ihren Kindern morgen nicht so gutgehen wird wie ihnen, sondern die sich auch eine neue Welt wünschen, zu der sie sich auf den Weg machen könnten. Mein Freund Edgar Morin hat so schön gesagt: »Wir sind vielleicht Raupen, die durch eine Metamorphose zu Schmetterlingen werden können!« Wenn man sich das Bild genau vorstellt, dann kommt schon ein gewisser Enthusiasmus auf. Das bedeutet aber auch, dass wir zunächst die konkreten Probleme überwinden müssen. Als Staat allein können wir die Probleme nicht mehr lösen. Wir brauchen dafür nicht nur Europa, sondern eben eine Weltorganisation, sprich, die Vereinten Nationen!

R.M.: Sie sprachen von »Metamorphose« der Menschheit. Sie fordern in dem mit Edgar Morin kürzlich herausgegebenen Buch *Wege der Hoffnung* in Anspielung an die Epoche der Renaissance nicht weniger als eine »Wiedergeburt der Menschheit«, um den Problemen dieser Zeit Herr zu werden. Dabei steht eine Reform des Denkens, der Wirtschaft und der Politik, eine neue Ethik im Vordergrund. In Ihrem Buch *Tous comptes faits … ou presque*, auf Deutsch unter dem Titel *Empörung – Meine Bilanz* erschienen, formulieren Sie, wie bereits erwähnt, eine Eigenkritik: »Die Empörung war eine erste Etappe, notwendig, aber ungenügend. Es braucht ein Denken, eine Perspektive, einen Willen, es anders zu machen!« Mir scheint, dass Sie sich seit *Empört Euch!* und *Engagiert Euch!* immer mehr damit beschäftigen, wie diese Forderung nach Veränderung der Welt in einer Welt wechselseitiger Abhängigkeiten – Sie nennen sie eine »interdependente Welt« – umzusetzen ist. Verändert dieser Wechsel der Perspektive auch die Stellung des empörten Menschen in der Welt?

S.H.: Die Empörung und das Engagement sind für mich sehr wichtig, denn ein Mensch wird nur dann zu einem Menschen, wenn er es versteht, sich zu empören. Solange er das nicht tut, ist er kein voller Mensch. Aber die Empörung und das Engagement sind ja nur ein Anfang, lediglich ein Anfang! Man lebt zunächst in einer Welt, die man nicht akzeptieren kann, weil sie nicht so ist, wie man sie sich wünscht. Es ist daher gut, dass man sich dagegen empört. Das bedeutet aber auch, dass man dazu beitragen muss, an einer anderen Welt mitzubauen. Und diese andere Welt muss ein Resultat der Erlebnisse aus der Zeit sein, deren Kind man ist. Man wird sich dann nicht mehr auf einzelne Sachen stürzen, sondern das große Ganze im Auge behalten wollen. Dabei wird man auch auf das stoßen, was ich »die Schwelle« nenne. Wir leben auf der Schwelle zwischen einer alten Welt, die ein Mitgefühl noch nicht gebraucht hat, und einer neuen Welt, die ohne Mitgefühl nicht mehr auskommt. Mitgefühl, Solidarität, das ist es, was die Welt verändert und dabei auch unser Engagement vorwärtsbringt.

R.M.: Albert Camus hat in *Der Mensch in der Revolte* geschrieben: »Ich empöre mich, also sind wir.« Aber dieses »also« ist nicht nachvollziehbar. Sie führen zwischen »Ich« und »Wir« das Mitgefühl ein, denn um sich gemeinsam zu empören, braucht es auch Mitgefühl, um sich in die Situation der anderen zu versetzen. Angesichts der Krise der Menschheit genügt es also nicht, sich nur zu empören und zu engagieren, solange nicht gleichzeitig klar ist und Wert darauf gelegt wird, dass jedes Handeln in einem Kontext steht. Dieser Kontext ist Ihnen zufolge die interdependente Welt, in der alles – Mensch wie Natur – voneinander abhängig ist. Sie verlangen deshalb, dass zum bestehenden globalen Handeln auch ein globales Bewusstsein unserer wechselseitigen Abhängigkeit hinzutritt, und da spielt offenbar das Mitgefühl eine große Rolle?

S.H.: Was ich zu sagen versuche, ist Folgendes: Wenn jemand sich empören und engagieren will, dann muss er auch einen neuen Schritt machen hin zu einem neuen Denken der Welt, zu einem Weltdenken. Wir befinden uns in einer Polykrise, die uns gefangen hält und aus der wir nicht herauskommen, solange wir die Situation auf die leichte Schulter nehmen. Diese Krise ist ernst, und wir werden nur aus ihr herauskommen, wenn wir etwas Neues hineinbringen und stärken, das ich das »Mitgefühl« nenne. Menschliche Eigenschaften wie Anteilnahme, Mitleid, Einfühlungsvermögen, Verständnis – kurzum: die solidarischen Kräfte der Menschheit – sind es, die wir jetzt brauchen.

R.M.: Ein wesentliches Element dieser Reform des Denkens, des neuen Weltdenkens wäre also das Mitgefühl, das Sie vom dem, was sie als »eifersüchtiges Denken« bezeichnen, streng trennen?

S.H.: Genau. Die Menschheit hat einen langen Weg hinter sich. Er führte über die Ära des Cro-Magnon-Menschen zu uns, die wir jetzt in einer Weltgesellschaft von sieben Milliarden leben. Die Frage stellt sich in diesem Zusammenhang: Ist die derzeitige Weltgesellschaft auf dem Weg, sich selber zu zerstören? Die Antwort ist: Ja, vieles spricht dafür, gerade weil wir nicht genug Mitgefühl zeigen, sondern, im Gegenteil, eifersüchtig denken und eifersüchtige Wesen geworden sind. Unser Materialismus will immer mehr, und unsere Technik breitet sich immer weiter aus. Es sieht heute so aus, dass wir dabei sind, uns – nach diesem langen Weg von ein paar Millionen Menschen hin zu sieben Milliarden Weltbürgern – zu zerstören. Die Notwendigkeit einer Reform drängt sich also auf, sie ist zwingend geworden! Die Menschheit hat die Natur und unseresgleichen so ausgebeutet, dass man davon ausgehen muss, dass es bald aus ist, falls wir nicht mit aller Entschiedenheit den Kurs ändern!

R.M.: Deshalb brauchen wir ein solidarisches Mitgefühl für uns selber als Menschen, aber auch für die Natur. Was aber verbinden Sie alles mit dem Wort »Mitgefühl«, sie sprechen ja von einem Konzept?

S.H.: Also, das sogenannte Mitgefühl, auf Französisch »compassion«…

R.M.: Auf Französisch kommt das Wort ja leidenschaftlicher daher…

S.H.: Oui, eine Leidenschaft! Es ist stärker als Sympathie, und es kann auch das Mitleid umfassen, es ist aber weniger herablassend. Wir Menschen leiden miteinander. Wir leiden unter dem, was uns fehlt oder uns nicht genügt, aber wir leiden auch unter dem, was den anderen fehlt oder ihnen nicht genügt. Das zeigt uns die Notwendigkeit an, über das gewählte Ziel hinauszudenken. Mitgefühl ist für mich ein Gefühl, das sich nicht zufriedengibt, das revoltiert und helfen will. Im Mitfühlen versetze ich mich in den anderen, in sein Leid und Glück, und solidarisiere mich mit ihm.

R.M.: Sie betonen immer wieder, dass alles Sein im Dialog ist, eine Rede, die mich an die Philosophie eines Martin Buber* oder Emmanuel Levinas** erinnert. Der Dialog geschieht also auch über das Mitgefühl?

S.H.: Richtig. Das »Mit« in Mitgefühl signalisiert, dass wir immer schon mit allem in Beziehung stehen, noch bevor wir uns diesem oder jenem zuwenden. Seit gut fünfzig Jahren haben wir nun verstanden, dass unsere Art und Weise, mit der Welt umzugehen, sehr gefährlich geworden ist. In Ansätzen haben sowohl die Anthropologie als auch die Ökologie ein neues Denken geliefert, aber dieses Denken bedarf einer grundlegenden Vertiefung. Ich komme immer wieder darauf zurück, dass wir eben mehrere Arten und

---

* Martin Buber (1878–1965) war ein jüdischer Religionsphilosoph österreichischer Herkunft. Das Werk *Ich und Du* (1919) ist eine seiner bekanntesten Schriften und thematisiert das dialogische Prinzip zwischenmenschlicher Beziehungen.
** Emmanuel Levinas (1905–1995) war ein bedeutender französisch-jüdischer Philosoph, der die zwischenmenschliche Beziehung wesentlich unter dem Vorrang des Gegenübers konstituiert sah.

Weisen haben, uns mit anderen zu verständigen. Wir haben Vernunft und Verstand, die brauchen wir! Aber wir haben auch Herz und Gefühl. Unser Gefühl setzt sich aus fünf Sinneserfahrungen zusammen. Wir haben fünf Sinne, das ist ja nicht neu, und über diese gewinnen wir einen übergeordneten, deutenden Sinn, den ich, inspiriert von der Philosophie eines Merleau-Ponty* und Emmanuel Levinas, als »Mitgefühl« stark machen möchte. Das Mitgefühl verstehe ich als Basis eines neuen politischen Zusammenlebens. Es liefert die notwendigen solidarischen Beziehungen, um eine Weltgesellschaft etablieren zu können!

R.M.: Sie erwähnen die französischen Philosophen Merleau-Ponty und Emmanuel Levinas, die jeder auf seine Weise das traditionelle Denken von Subjekt da und Objekt dort, also die Zweiteilung der Welt, in Frage stellten. Das bringt mich zu einem weiteren Baustein der gewünschten Reform des Denkens. Sie erwähnen ja selber mit Blick auf die westliche Philosophie, dass sie eigentlich mehr analytisch statt synthetisch vorgeht, und stellen das als ein Grundproblem dar.

S.H.: Ja, weil genau diese Zweiteilung in »Ich« und »Nicht-Ich«, in Mensch hier und Natur dort, die wie ein Leitmotiv durch das westliche Denken geht, zu ebendieser Krise der Menschheit geführt hat, weil sie die Tatsache, dass alles in einem Dialog steht, nicht wahrgenommen hat. Das Wort »Umwelt« deutet doch Dialog an. Hinzu kommt,

---

* Maurice Merleau-Ponty (1908–1961) war ein französischer Philosoph. Sein Werk beschäftigt sich mit der Rolle des Leibes, durch den der Mensch sich selbst und die Welt erfährt.

dass wir im Westen christlich geprägt sind. Und da befiehlt die Religion den Menschen, sich die Erde untertan zu machen. Dieser Art zu denken muss man entkommen, denn sie führt direkt in die Zerstörung.

R.M.: Sie sprechen vom westlichen Denken als einem Problem und schlagen zur Lösung andere Modelle des Denkens vor.

S.H.: Ja, zur Erneuerung des Denkens können wir auf die Erfahrungen anderer Denkkulturen zurückgreifen. Wir haben in der ganzen langen Geschichte des menschlichen Denkens immer wieder Schwellen von historischer Wichtigkeit überwunden, und eine davon ist bekanntlich die Renaissance. Wenn man sich nun umschaut, so sieht man, dass das afrikanische und das asiatische Denken viel reicher an Mitgefühl und Dialog sind als unser westliches Denken, das auf das Subjekt fixiert ist. Wir sollten die Weisheit dieser Kulturen und ihre seelischen Erfahrungen berücksichtigen, sie werden für die entstehende Weltgesellschaft von Nutzen sein.

R.M.: Kant hatte in seiner Ethik immer die »Menschheit« zum Richtmaß genommen, so in der Formulierung des kategorischen Imperativs: »Handle nur nach derjenigen Maxime, durch die du zugleich wollen kannst, daß sie ein allgemeines Gesetz werde.« Aber mit der realen Menschheit hatte das noch nichts zu tun. Nun leben wir in deren realer Konkretisierung, und da haben wir es mit verschiedenen Kulturen zu tun. Auch da geben sie lieber dem Mitgefühl den Vorzug. Wieso?

S.H.: Weil wir uns in die verschiedenen Kulturen einfühlen müssen, um die anderen zu verstehen, und weil wir es im Gegensatz zur Zeit Kants mit einer konkreten Weltgesellschaft zu tun haben. Nur Mitgefühl, ich wiederhole es, fördert die Solidarität unter den Völkern.

R.M.: Im Mitgefühl, im Mitleiden kann ich eine Anweisung für mein Handeln finden, denn was nicht sein soll, bringt sich als Schmerz oder Leid zur Sprache. Der amerikanische Philosoph Richard Rorty* sucht deshalb im Mitleid eine »schwache Form« des Universalismus zu retten, denn wäre das Leid nicht universell, dann müsste man annehmen, dass die Menschen »kulturbedingt« verschieden leiden – und das ist ja nicht der Fall. Als die Menschenrechte 1948 verfasst wurden, war da dieselbe Idee am Werk, einen schwachen Universalismus zu retten, der verbindliche Handlungsanweisungen für die so verschiedenen Kulturen angeben könnte?

S.H.: Das war in der Tat im Laufe der Arbeit das Wichtigste, das uns geschah. Wir hätten uns an verschiedene Religionen oder an bestimmte geläufige Ideologien oder Ethiken halten können, aber am Ende unserer langen Suche stand das Wort »Würde«, das im ersten Artikel der Allgemeinen Erklärung der Menschenrechte eingeführt wird: »Alle Menschen sind frei und gleich an Würde und Rechten geboren.« Das Wort »Würde« verstehen alle Kulturen. Der Arabische Frühling stand und steht im Zeichen der »Ka-

---

* Richard Rorty (1931–2007) war ein amerikanischer Philosoph. Rorty gilt als Vertreter des Neopragmatismus. Eines seiner einflussreichsten Werke war *Kontingenz, Ironie und Solidarität*.

rama«, arabisch für Würde. Daher ist auch der französische Titel meines Büchleins *Indignez-vous!* sehr wichtig. Die Übersetzung *Empört Euch!* meldet das nicht an. Man kann sich empören, ohne Würde zu haben, aber man kann sich nur dann indignieren, wenn man die Würde als verletzt erachtet! Das ist der ganze Unterschied, auf den ich immer wieder aufmerksam mache.

R.M.: Aber Würde meint nicht nur moralische, sondern auch körperliche Integrität.

S.H.: Ganz recht. Der Stein ist einfach da, aber das Dasein des Tieres meldet Würde an, die im Menschen zu einer bewussten Würde wird. Das ist für mich das Ausschlaggebende. Wir besitzen etwas, das uns von den anderen Elementen der Natur unterscheidet und das gleichzeitig Hoffnung und Gefahr bedeutet – Hoffnung, wenn es sich als etwas begreift, das sich mit der Natur entfalten will, Gefahr, wenn es sich hingegen verschließt und behauptet, es sei etwas ganz anderes als Natur und habe auch mehr Kraft als sie. Dann fällt man in die Richtung, die wir eben angesprochen haben – eine Menschheit, die zwar enorm entwickelt ist, die aber gegen die Wand fährt!

Interessant ist, sich in diesem Zusammenhang zu fragen, wann wir Menschen denn zum ersten Mal unsere Würde empfunden haben. Wahrscheinlich kam sie erst mit der Epoche der griechischen Philosophie zu Bewusstsein. Zum ersten Mal hat der Mensch sich als ein Wesen empfunden, das darüber nachdenken kann, was aus ihm – nicht weiter einer Natur anheimgegeben – werden kann, und dabei ist er selber sozusagen ein Stück Gottheit geworden. Die Menschen haben sich vom bloß »Gegebenen« befreit, von daher haben wir die Möglichkeit, am Werk der Menschheit weiterzubauen!

R.M.: Sie betonen, dass alles in einem Dialog steht. Was ist für Sie eine »interdependente Welt«?

S.H.: Wir wissen, dass das, was wir tun, mit dem, was andere tun, eng verbunden ist. Von dieser wechselseitigen Abhängigkeit und Verbundenheit erfahren wir ganz natürlich in der Kindheit, in Mutter- und Vaterschaft, in der Familie und in der Gesellschaft. Wir sind nicht die Einzigen auf dieser Erde, aber die Gefahr ist heute, dass wir uns zu stark individualisieren. Dann ist es egal, was der Vater, der Sohn oder die Mutter über uns denken. Die Abhängigkeit von allem gilt natürlich insbesondere im Verhältnis der Menschen zur Natur, denn wir sind Teil der Natur!

R.M.: Und da ist eine Gefahr versteckt, die Sie neuerdings immer wieder ansprechen. Der westliche Fokus auf das »Subjekt« hat uns historisch zur Formulierung der Menschenrechte geführt, aber nach dem kolossalen Triumph des Individuums über alles stellt sich die Frage, ob in den Menschenrechten nicht wieder nur ein Ausdruck dieser Höherstellung, dieser Suprematie des Menschen über die Natur zum Ausdruck kommt. Müsste man da nicht eine neue Deklaration der Menschenrechte formulieren, nicht etwa, weil die alte nicht brandaktuell wäre, sondern um sie um einen Katalog der Rechte der Natur zu erweitern?

S.H.: Gott sei Dank haben wir seit der Konferenz der Vereinten Nationen über die Umwelt des Menschen, der ersten Konferenz dieser Art in Stockholm 1972, einen Katalog von Forderungen, der dann vor zwanzig Jahren in Rio zur »Agenda 21« nachhaltiger Entwicklung ausgebaut wurde. Wir wissen, was wir brauchen, um der Natur ihr Recht widerfahren zu lassen. Wir wissen, wo wir sie beschützen müssen, wir wissen, dass die Ausbeutung von Rohstoffen, Energie und Wasser den Kriterien der Nachhaltigkeit genügen muss. All das sind bekannte Tatsachen und Gefahren. Wir können nicht einfach so tun, als wüssten wir heute davon nichts! In der Tat, wenn wir die Allgemeine Erklärung der Menschenrechte um eine Allgemeine Erklärung der Rechte der Natur erweitern könnten, dann hätten wir eine wichtige Grundlage für die gesuchte Reform geschaffen.

R.M.: Die Natur spricht ja nur »negativ«, in dem Sinn, dass sie uns klarmacht, was sie nicht duldet. Sollten wir das nicht berücksichtigen? Hans Jonas* hat den kategorischen Imperativ Kants dahingehend kritisiert, dass dieser die Langzeitwirkungen unseres Tuns nicht berücksichtige, und fordert deshalb eine Neuformulierung desselben. Für unsere Zeit schlägt er folgenden Imperativ vor: »Handle so, dass die Wirkungen deiner Handlung verträglich sind mit der Permanenz echten menschlichen Lebens auf Erden.«

S.H.: Ja, genau, das ist es, was wir brauchen. In diesem Zusammenhang haben wir auch einen schönen Text von Peter Sloterdijk, der soeben in dem Buch *Le monde n'a plus*

---

* Hans Jonas (1903–1993), deutscher Philosoph. *Das Prinzip Verantwortung* (1979) ist sein Hauptwerk und seine wirkungsstärkste Schrift.

de temps à perdre erschien, zu Deutsch »Die Menschheit hat keine Zeit mehr zu verlieren«, das ich mit ihm, Edgar Morin, Michel Rocard und anderen geschrieben habe.*
Ja, unser Tun muss sich danach ausrichten, dass es nie eine Einschränkung für das zukünftige Zusammenleben der Menschen und der Natur bedeutet. Jedes Handeln muss also danach fragen, welchen Effekt es auf die zukünftige Existenz der Menschheit und der Natur hat. Aber diese Reformulierung des kategorischen Imperativs durch Hans Jonas müsste man noch ergänzen. Das hat Peter Sloterdijk getan, indem er darauf insistierte, angesichts der Irreversibilität der Naturprozesse, die wir durch unser Tun auslösen, keine weitere Zeit zu verlieren.

R.M.: Und deshalb sind wir ja auch in einer »Zeit der Schwelle«, die nicht notwendigerweise noch oben führen muss!

S.H.: Die Menschheit ist in der Tat noch nie so wild und so gefährlich gewesen wie seit ein paar Jahrzehnten. Das ist das Tragische, und das ist es, was mich immer wieder zu dem Wort »Schwelle« führt. Nicht wahr, ich habe Ihnen aufgeschrieben,** dass wir in der Zeit zwischen der Cro-Magnon-Ära des Menschen und heute von ungefähr 1,5 Millionen auf sieben Milliarden Menschen auf Erden angewachsen sind. Die Schnelligkeit, mit der wir uns gerade während des 20. Jahrhunderts entwickelt haben, ist

---

* Vgl. *Le monde n'a plus de temps à perdre. Appel pour une gouvernance mondiale solidaire et responsable*, Les liens qui libèrent, Collegium International 2012.
** Vergleiche das Faksimile Stéphane Hessels in diesem Buch, Seite 68!

auch für die Philosophie, für die Kunst und Kreativität von außerordentlicher Bedeutung. Man kann natürlich mit Blick auf Aristoteles oder Galileo Galilei oder angesichts der Erfindungen im Lauf der Industrialisierung sagen, dass wir große Etappen hinter uns gebracht haben. Nicht zu vergessen sind die Möglichkeiten, die in Zukunft die Nanotechnologien bringen könnten – Möglichkeiten, mittels derer die Menschen eigentlich selber gar nichts mehr zu tun brauchen, weil die Maschinen so ausgereift sind, dass sie selbsttätig Handlungen vollziehen können …

Also, man denkt natürlich an Aldous Huxleys Roman *Brave New World* oder an George Orwells negative Utopie *1984*. Noch ist es ja, Gott sei Dank, nur eine Phantasie, aber immerhin doch eine warnende Phantasie, dass der Mensch seine Freiheit an die Maschinen abgibt und sich dabei noch sicher glaubt. Das wäre dann die Geschichte des Menschen vom Cro-Magnon zum teletechnischen* Meister und Gefangenen!

R.M.: Ja, wir sind Zauberlehrlinge, und die Geister, die wir riefen, werden wir nicht so schnell wieder los. Ein deutscher Technik-Philosoph, Günther Anders** …

S.H.: … ja, der erste Mann von Hannah Arendt …

R.M.: … er hat in den 1950er Jahren als Erster gefordert, dass wir – sein Beispiel war die Atombombe – uns in un-

---

* Im Sinne Jacques Derridas. »Télé-technique« bezeichnet ein Konglomerat von Techniken, deren gemeinsames Moment es ist, die Grenzen des Daseins zu erweitern und hinauszuschieben.

** Günther Anders (1902–1992) war ein österreichischer Technik-Philosoph. Sein Hauptwerk in zwei Bänden ist *Die Antiquiertheit des Menschen*.

sere selbstschaffene Technik und deren Langzeitwirkungen einfühlen müssten. Er sprach davon, sich »gefühlsmäßig auf etwas gefasst zu machen«. Sie sprechen ja auch davon, dass die Globalisierung einen großen Einfluss auf unser Bewusstsein hat, und auch Sie fordern Übungen der Erweiterung unseres Bewusstseins und des Mitgefühls. Wieso – um unsere Technik zu begreifen?

S.H.: Ja, genau, um mit dem Bewusstsein auf der Höhe der Zeit zu sein und um den Unterschied zwischen Effektivität und Sinn unserer Technik klarzumachen! Nanotechnologien können effektiv sein, aber auch hier müssen wir uns fragen, wo ist ihr Sinn? Kernwaffen können sehr effektiv sein, aber auch hier stellt sich die Frage, wo ist ihr Sinn? Da kommen wir folgerichtig immer wieder auf die Idee des Sinnes und der Reform und stoßen dabei auf folgende Schwierigkeit: Es ist leicht zu verstehen, weshalb eine Reform notwendig ist, weshalb sie aber möglich ist, das ist schwerer zu verstehen! Für mich hängt die Möglichkeit der Reform vom Gefühl, vom Mitgefühl ab. Darum sage ich auch, dass es keine Philosophie mehr gibt, sondern nur noch Anthropologie. Das reine Denken innerhalb der Denkmöglichkeiten ist nicht das, was wir brauchen!

R.M.: Dann lassen Sie uns also zum praktischen Denken übergehen. Für eine Weltgesellschaft brauchen wir statt des »Kampfes der Kulturen« die gegenseitige Bereicherung durch die Kulturen.

S.H.: Ja, wir haben jetzt als absolute Neuheit in der Geschichte der Menschheit die verschiedensten Kulturen und Zivilisationen in unserem globalisierten Blickfeld! Die Möglichkeit, uns auszutauschen und zu sehen, was die verschiedenen Kulturen einbringen könnten für den Aufbau einer solidarischen Weltgesellschaft, war noch nie so groß wie heute. Eine immense Freude war für mich in diesem Zusammenhang, als ich mit dem Dalai Lama* zusammenkam. Das halte ich für etwas sehr Wichtiges, das uns wieder mal als Menschheit im Ganzen diese notwendige Verschiedenheit des Atmens klarmacht. Wir können nicht nur innerhalb der europäischen oder westlichen Kultur Rat suchen. Da gibt es viel zu suchen, aber wir müssen auch die asiatische und die afrikanische Kultur und ihre spezifischen Antworten auf die gegenwärtigen Fragen der Menschheit berücksichtigen und diese Vielfältigkeit der Würde unterstützen.

R.M.: Sinn, Würde ... Ich stelle mir da letztlich die Frage, ob man eine Kultur wie die westliche, die ihre Zukunft gar nicht garantieren kann, noch mit Recht eine »würdige« Kultur nennen kann?

S.H.: Sie steht ebenso in Frage wie die Würde aller Gesellschaften. Sie ist nicht besser und nicht schlechter, und sie hat enorme Vorteile.

R.M.: Aber ist sie möglicherweise gefährlicher?

S.H.: Das war ja der Ausgangspunkt unserer Überlegungen. Wir sagten zu Beginn, dass wir noch nie so gefährlich gewesen sind wie heute. Und natürlich sprachen

---

* Vgl. Dalaï Lama und Stéphane Hessel, *Déclarons la paix. Pour un progrès de l'esprit* (2012).

wir von der westlichen Welt. Aber ich würde nicht sagen, die östlichen Kulturen sind dagegen mehr gefeit. Auch die chinesische Entwicklung kann für die Menschheit gefährlich werden, wenn es so weitergeht, nicht wahr? Gefährlich sind wir alle. Deshalb müssen wir uns fragen, was denn die Eigenheiten der verschiedenen Kulturen sind und welche Elemente einer Kultur die anderen Kulturen bereichern und als Modelle dienen könnten.

R.M.: Das Wort »Modell« verwenden Sie auch für die Pädagogik. Sie sprechen davon, dass es einen Mangel an Modellen gibt. Schon für Aristoteles war das die Krux, für das »gute Leben« braucht es Erfahrung, die aber hat die Jugend nicht, also braucht sie Erziehung und Modelle. Was bieten wir ihnen an? Wir haben ja große Stars wie Madonna oder wen auch immer. Was bieten wir der Jugend an in Konkurrenz mit diesen großen Stars?

S.H.: Leider sieht es seit zwanzig Jahren nicht mehr so aus, als wäre da jemand, an den man sich halten könnte. Aber wir bieten ihnen das grundlegende Denken von solchen Figuren wie eben, sagen wir mal, einem Pierre Mendès-France*, Willy Brandt oder Barack Obama. Für mich war

---

* Pierre Mendès-France (1907–1982), französischer Politiker und in den Jahren 1954–1955 Ministerpräsident der Vierten Republik. 1936 Staatssekretär im Finanzministerium unter dem Sozialisten Léon Blum. Mendès-France nahm aktiv am französischen Widerstand teil und wurde von de Gaulle 1944 zum Wirtschaftsminister der Provisorischen Regierung ernannt. Seit 1950 war er konsequenter Gegner des französischen Kolonialismus. Er leitete den Rückzug aus den Kolonien Indochina, Algerien, Tunesien und Marokko ein und machte sich für die europäische Integration stark. Von de Gaulle wurde er wegen seines Engage-

so eine Frau wie Mary Robinson* sehr wichtig. Also, man darf nicht unterschätzen, was solche Persönlichkeiten den Menschen bringen können, die sich eben dafür einsetzen, die Welt anders anzugehen und zu verändern.

R.M.: Ich komme wieder auf diese ganz einfache Auskunft von Aristoteles auf die Frage, wonach denn alles strebe, zurück. Seine Antwort war: »Das Glück.« Aber was ist das Glück von heute, was ist das gute, gelingende Leben, und was brauchen wir dazu?

S.H.: Genau in diesem Zusammenhang stoßen wir wieder auf die Worte Mitgefühl, Würde, Solidarität und Respekt füreinander. Das Glück des Einzelnen ist nicht losgelöst vom Glück der Vielen zu suchen. Was ist für uns denn Glück? Der Mensch hat nicht nur ein Gehirn, sondern auch ein Herz bekommen, und genau dieses müssen wir stärken. Das eifersüchtige Denken will immer mehr, es zieht den Besten und den Stärksten vor. Dagegen finden wir in allen Religionen und in allen Philosophien vom Menschen die Wertschätzung des Mitgefühls, dieses aber wurde bisher stark unterdrückt. Ebendiese enormen Reserven an Mitgefühl, von denen wir sprachen, müssen wir für die Reform der Menschheit mobilisieren. Kant betonte in seiner Beantwortung der Frage »Was ist Aufklärung?« eine Reform des Denkens, er strebte keine Revo-

---

ments für ein souveränes Algerien gestürzt. Auch nach seinem Rückzug aus der Politik blieb er die moralische Integrationsfigur Frankreichs. Er hatte maßgeblichen Einfluss auf den späteren Staatspräsidenten François Mitterand.

* Mary Robinson, geboren 1944, von 1990 bis 1997 war sie die erste Frau im Amt der Staatspräsidentin der Republik Irland, anschließend bis 2002 UN-Hochkommissarin für Menschenrechte der Vereinten Nationen.

lution des Denkens an. Das Gleiche gilt für mich, weil wir ja das Denken nicht neu erfinden müssen. Wir benötigen vielmehr eine Reform des Lebens und des Wirtschaftens, weil wir auf den bestehenden Errungenschaften aufbauen wollen. Glück im Angesicht dieser verschwenderischen Menschheit wäre, das wusste schon Aristoteles, Mäßigung. Aber in der Mäßigung ist nicht nur die Tatsache entscheidend, weniger Rohstoffe zu verbrauchen, sondern auch, diese mit anderen zu teilen. Da komme ich wieder auf meinen Freund, den Psychiater Bernard Corbier, zurück, der mich gelehrt hat, dass im Teilen mit anderen, im Mitgefühl für andere auch unser Glück zunimmt. Weniger kann also durchaus mehr sein!

R.M.: Wir sind heute in einer riesigen Schuldenkrise, und sie erinnert in vielem an die große Krise von 1929, die Sie selber noch ganz jung erlebt haben. Um aus dem wirtschaftlichen Debakel herauszukommen, haben die europäischen Regierungen den Ländern ein harte Sparpolitik auferlegt, mit dem Effekt gewaltiger sozialer Probleme und einem in der Euro-Zone stark zunehmenden Prekariat. In Griechenland und in Spanien ist jeder zweite Jugendliche arbeitslos, und die Selbstmordrate ist drastisch angestiegen. Im Schnitt haben wir eine Jugendarbeitslosigkeit von etwas über zwanzig Prozent bei einer generellen großen Arbeitslosigkeit durch alle Generationen hindurch. In den arabischen Ländern führte die hohe Jugendarbeitslosigkeit zur Revolution. Meine Frage ist, wohin führt uns die europäische Sparpolitik?

S.H.: Ins Nichts, ins Schlimme! Darum müssen wir auch wieder aus der Politik des Sparens herausfinden, und zwar mit derselben Geschwindigkeit und derselben Entschlossenheit, wie Franklin Roosevelt 1932 den »New Deal« aufgebaut hat.* Wir verstehen, Gott sei Dank, heute ein bisschen mehr von der Weltwirtschaft. Wir wissen, wo es schlecht lief. Es ist deshalb höchste Zeit, politisch einen Kurswechsel zu unternehmen, den Wohlfahrtsstaat wieder zu stärken und die Ökonomie wieder in die Gesellschaft sozial einzubetten. In Frankreich ist jetzt mit François Hollande eine neue Regierung an der Macht. Diese politisch katastrophale Richtung, wie sie die Rechte in Frankreich eingeschlagen hatte – einschließlich der Rechtsextremen, die auch in Ungarn, Griechenland und leider auch in Deutschland Aufwind haben, wenn auch nicht so stark wie in Frankreich –, müssen wir korrigieren. Es ist also schon notwendig, jetzt einen Sprung vorwärts zu machen.

R.M.: Sie sagten in Zürich, dass »die neoliberale Ökonomie an ihr Ende kommt«. Sind wir also bald fertig mit der Ära Milton Friedmans?

S.H.: Ja, wir haben Milton Friedman und den neoliberalen Ideen der Chicagoer Schule zu sehr angehangen. Es ist höchste Zeit, von diesen Ideen wegzukommen und eine Reform der Wirtschaft einzuleiten. Wir brauchen eine Umverteilung der Reichtümer. In allen Ländern gibt es

---

* Franklin Delano Roosevelt (1882–1945), amerikanischer Politiker der Demokratischen Partei, von 1933 bis zu seinem Tod war er der 32. Präsident der Vereinigten Staaten. Als Folge des Börsensturzes von 1929, der zur »Großen Depression« führte, setzte Roosevelt auf wirtschaftliche Staatsinterventionen. Sein sozialwirtschaftlicher »New Deal« führte zu nachhaltigen Wirtschaftsreformen.

Menschen, die einfach zu viel haben. Wir brauchen eine bessere Steuerpolitik. Aber es geht nicht nur um Steuern, sondern auch darum, wofür wir Geld ausgeben: für Waffen, für Drogen, für die Kernkraft und so weiter. Wir brauchen einen politischen Kurswechsel für die Ökonomie, damit die großen Ausgaben auch Nutzen für den einzelnen Menschen abwerfen. Wir brauchen so etwas wie einen wirtschaftlichen Sicherheitsrat, den sich Gorbatschow wünschte, damit wir der jungen Generation das Gefühl geben können, dass es auch anders werden kann. Die Armen müssen reicher werden und die Privilegierten, ja die Überprivilegierten ihre Privilegien verlieren, wie es damals für die Privilegierten des Adels und des Klerus während der Französischen Revolution der Fall war.

R.M.: Ökonomen im Umfeld der Organisation Attac sehen in der Sparpolitik nur wieder eine Umverteilung des Reichtums von unten nach oben. Ja, manche argumentieren mit Naomi Klein*, dass diese Sparpolitik nur eine wirtschaftliche »Schocktherapie« sei, die ja Milton Friedman empfahl, um während Krisenzeiten oder nach Naturkatastrophen unangenehme, sprich, neoliberale Reformen

---

* Naomi Klein, geboren 1970, kanadische Schriftstellerin und Globalisierungskritikerin. Sie schrieb das Buch *Die Schock-Strategie: Der Aufstieg des Katastrophen-Kapitalismus* (2007). Klein setzt sich mit Milton Friedman und der »Chicagoer Schule« auseinander. Ihr zufolge sind die neoliberalen Ideen nach wirtschaftlichen Schocks (wie auch nach militärischen Niederlagen oder Naturkatastrophen) eingeführt worden, um den Sozialstaat abzubauen und Privatisierungsmaßnahmen voranzutreiben. Als Beispiele erwähnt sie die Volkswirtschaft Chiles unter Pinochet, Großbritanniens unter Margaret Thatcher, Russlands unter Boris Jelzin sowie des Iraks nach dem amerikanischen Einmarsch, wo nach Klein die neoliberale Politik George W. Bushs mit der Privatisierung des Söldnerwesens noch die Forderung Milton Friedmans übertraf.

durchsetzen zu können. Haben Sie konkrete Vorschläge für eine Umverteilung, um die Krise zu überwinden?

S.H.: Es wäre jetzt wichtig, eine Wirtschaftspolitik nach John Maynard Keynes zu etablieren, oder anders gesagt, der Staat müsste investieren. Aber nicht blindlings. Wir brauchen eine neue Art des Wirtschaftens, des ethischen Wirtschaftens, und da muss die Ökologie eine wichtige Rolle spielen. Unsere Wirtschaft muss auf die Qualität setzen, statt auf immer mehr Wachstum, also Quantität. Wir müssen deshalb einerseits ein soziales, andererseits ein ökologisches Wirtschaften pflegen. Nachhaltigkeit bedeutet in diesem Zusammenhang, dass wir lokales Wirtschaften stärken müssen, statt immer mehr zu globalisieren. Wir müssen auch den fairen Handel fördern und in alternative Techniken wie Wasser- und Sonnenenergie investieren – und nicht in eine gefährliche Energie wie die Kernenergie. Kurzum, wo immer möglich, soll eine soziale Ökonomie entstehen, die die Solidarität zwischen den Ländern fördert und sie nicht unter den Druck der Konkurrenz setzt.

R.M.: Aber die derzeitige Krise ist vor allem auch einem unreglementierten Finanzkapitalismus geschuldet, unter dem die reale Wirtschaft immer mehr leidet, weil immer mehr Geld aus den Betrieben zu den Aktionären geht und so in spekulative Geschäfte fließen kann.

S.H.: Ja, das ist so. Was ich in dem Buch *Wege der Hoffnung* zusammen mit Edgar Morin vorgeschlagen habe, ist deshalb Folgendes: Wir müssen diesbezüglich eine schärfere

Kontrolle der Banken und der internationalen Finanztransaktionen haben. Wir müssen die Steuern heben, damit weniger »spekulatives« Geld vorhanden ist, und international Steueroasen ächten, außerdem braucht es eine Überwachung der Rating-Agenturen.

R.M.: Ein verhängnisvoller Kreislauf für manche Ökonomen, die darin eine Art Selbstbedienung sehen: Private Rating-Agenturen, die die Kreditwürdigkeit von Ländern herunterstufen, so dass diese Länder auf dem Markt nur noch zu teurem Geld kommen, das wiederum Private geben! Angesichts der Schuldenkrise beklagen manche mangelnde demokratische Transparenz. Man verweist auf die Einsetzung von Technokraten wie in Italien. Die politische Theorie spricht immer mehr von der »Postdemokratie«, so etwa Colin Crouch*, in der immer mehr oligarchisch organisierte Gruppen statt demokratisch le-

* Colin Crouch, geboren 1944, britischer Politikwissenschaftler. 2004 veröffentlichte Crouch das Werk *Post-Democracy*. Unter Postdemokratie versteht Crouch »ein Gemeinwesen, in dem zwar nach wie vor Wahlen abgehalten werden, Wahlen, die sogar dazu führen, dass Regierungen ihren Abschied nehmen müssen, in dem allerdings konkurrierende Teams professioneller PR-Experten die öffentliche Debatte während der Wahlkämpfe so stark kontrollieren, dass sie zu einem reinen Spektakel verkommt, bei dem man nur über eine Reihe von Problemen diskutiert, die die Experten zuvor ausgewählt haben. Die Mehrheit der Bürger spielt dabei eine passive, schweigende, ja sogar apathische Rolle ... Im Schatten dieser politischen Inszenierung wird die reale Politik hinter verschlossenen Türen gemacht: von gewählten Regierungen und Eliten, die vor allem die Interessen der Wirtschaft vertreten.« Crouch wirft dem Neoliberalismus vor: »Je mehr sich der Staat aus der Fürsorge für das Leben der normalen Menschen zurückzieht und zulässt, dass diese in politische Apathie versinken, desto leichter können Wirtschaftsverbände ihn - mehr oder minder unbemerkt - zu einem Selbstbedienungsladen machen. In der Unfähigkeit, dies zu erkennen, liegt die fundamentale Naivität des neoliberalen Denkens.« (Colin Crouch, *Postdemokratie*, 2008, S. 10 und 29 ff).

gitimierter das Sagen haben und auch über die Medien verfügen. Was machen wir gegen diese Tendenzen?

S.H.: Dagegen gibt es so eine Bewegung wie die Occupy Wall Street zum Beispiel, aber nicht nur. Die Entstehung eines andauernden Protestes, einer generalisierten Empörung gegen die Art und Weise, wie wir heute wirtschaften, das ist doch das Entscheidende! Woher soll denn die Veränderung kommen? Doch nur daher, dass Menschen sich zusammentun, junge Menschen insbesondere, die die Lage verändern wollen und das Vertrauen haben, sie auch verändern zu können. Und daher, dass sie nicht allein den Regierungen und den Finanzmächten Gehör schenken, sondern vor allem ihrer eigenen Verantwortlichkeit als Bürger.

R.M.: Sie meinen also, dass diese Art der Bewältigung der Schuldenkrise, die die Jugend Europas auf die Straße setzt, dazu führen wird, dass die derzeitige Politik sich selber untergräbt?

S.H.: Also, das Einzige, wozu ich ein bisschen mit meinem Büchlein *Empört Euch!* beigetragen habe, ist doch, den zivilgesellschaftlichen Akteuren gesagt zu haben: »Halt mal, ihr habt die Verantwortung. Ihr könnt nicht euch auf die Straße setzen lassen und dann sagen, wir können nichts dagegen tun. Das stimmt nicht! Ihr könnt sehr wohl etwas dagegen tun! Geht so zahlreich auf die Straßen, dass die Regierungen nicht mehr darüber hinwegsehen können. Dann wird sich auch eure Lage ändern, nicht wahr?« Also, mein Aufruf an die Empörten dieser Erde ist als Aufforderung zu verstehen, die Politik ernst zu nehmen und sich mit ihr so stark auseinanderzusetzen, dass man am Ende neue Arten der gesellschaftlichen Entwicklung prägt!

Hinzu kommt etwas, worauf ich immer sehr gerne bestehe: Wenn man sich wirklich umsieht und sich fragt, was denn heute so vor sich geht, so sieht man nicht nur, dass die Jugend keine Arbeit mehr hat, sondern dass es auch immer wieder Gruppen gibt, die sich zusammentun und sich organisieren. Diesen Untergrund des Treibens, des positiven Treibens, findet man immer wieder, wenn man sich ein bisschen umsieht!

Es gibt also viel zu tun! Und dafür könnten sich die jungen Menschen ganz besonders einsetzen: für Themen wie Nachhaltigkeit und soziale Wirtschaft, denn die bestimmen ihre Zukunft. So sollten die verschiedenen Ökologiebewegungen und Parteien wie Die Grünen unterstützt werden, die einen Einsatz in die richtige Richtung zeigen. Darüber hinaus sollte man von der Welthandelsorganisation strukturelle Reformen fordern, die zum Ziel haben, den ärmeren Ländern wirtschaftliche Entwicklung zu ermöglichen. Wir verfügen über viele Instrumente! Aber wenn sich die jungen Menschen sagen, wir brauchen keine Instrumente, wir brauchen keine Parteien, wir bleiben unter uns und empören uns unter uns, dann genügt das natürlich nicht. Man muss sie überzeugen, ihre Dynamik und Energie dort einzubringen, wo es die Möglichkeit gibt, gemeinsam mit allen anderen vorwärtszukommen.

R.M.: Kommen wir auf Palästina zu sprechen: Sie engagieren sich für die Palästinenser und für die Erschaffung eines palästinensischen Staates und arbeiten auch im Russell-Tribunal zu Palästina. Palästina ist ein Anlass zur Empörung. Weshalb?

S.H.: Ich war ein Freund und Unterstützer des Staates Israel, als er 1948, ich war damals etwas über dreißig Jahre alt, gegründet wurde. Ich sagte mir nach der Shoah, die ich am eigenen Leib erfahren habe, ohne, im Gegensatz zu vielen meiner Freunde, deren Opfer zu werden, ich sagte mir, wir brauchen einen Staat für die verfolgten Juden. Aber ich dachte auch, dass dieser Staat nicht das ganze historische Palästina umfassen kann, denn es gibt auch viele Araber – die müssen auch ihren Staat haben.

R.M.: Sie sprechen von »Arabern«, aber nicht von den Palästinensern. Weshalb? Kam das damals nie zu Bewusstsein, dass man nicht einfach von »Arabern« sprechen konnte, sondern dass es da Unterschiede gab?

S.H.: Der Unterschied ist, dass England ein Mandat bekommen hat, ein Mandat über ein Territorium und nicht über ein bestimmtes Volk.

R.M.: Gut, das nannten die Engländer einfach Territorium, aber die Palästinenser nannten sich immer Palästinenser.

S.H.: Aber in den 1940er Jahren, als die Teilungspläne reiften, hat man von Palästinensern nicht gesprochen, sondern nur von einer geographischen Bezeichnung. Man wusste, dass es innerhalb dieses geographischen Bezirks schon viele Juden und Christen neben den Arabern gab und dass sie alle zusammen früher ein Teil der Ottomanen waren, aber von Palästinensern wurde nicht gesprochen.

Die Teilung in 55 % des historischen Palästina zugunsten Israels und 45 % zugunsten der Palästinenser empfand ich als eine mögliche Lösung. Ich wusste aber nicht, dass schon diese Lösung für viele Palästinenser zu einem großen Problem wurde, mussten sie doch ihre Städte und Dörfer 1948 verlassen. Dann aber kam der Sechs-Tage-Krieg 1967, und seitdem hat sich Israel ganz anders verhalten, als man es von einem richtigen demokratischen Mitglied der UNO erwarten kann und muss. Die UNO kann kein Land dulden, das ein anderes Land besetzt und kolonisiert und internationale Vereinbarungen bricht. Was die israelische Regierung unternimmt, empfinde ich als etwas, das direkt den Menschenrechten und den internationalen Vereinbarungen, die ich befürworte, zuwiderläuft. Deshalb bin ich dafür, dass wir den Palästinensern helfen müssen. Sie brauchen internationale Anerkennung. Es ist schade, dass gerade jetzt Mahmud Abbas'* Vorstoß, die Anerkennung eines palästinensischen Staates vor die Vereinten Nationen zu bringen, steckenbleibt. Noch ist nicht alles ausgeschlossen. Aber wir wissen bereits, dass es leider mindestens eine Macht gibt, die das nicht zulassen will, und das sind die Vereinigten Staaten. Wir hatten so gehofft, dass die Wahl Barack Obamas ein neues Amerika bringen würde, bisher wurde aber diese Hoffnung enttäuscht.

* Mahmud Abbas, geboren 1935 in Safed, Galiläa, führender Politiker der palästinensischen Fatah-Bewegung, Vorsitzender der palästinensischen Befreiungsorganisation PLO und Ministerpräsident der Palästinensischen Autonomiebehörde.

R.M.: Die Politik Barack Obamas war für die Palästinenser trotz seiner großen Rede, die er 2009 in Kairo hielt, enttäuschend. Obama sagte noch im Mai 2011 aus Anlass des Arabischen Frühlings, dass der Wandel in den arabischen Ländern nicht verneint werden könne, aber außen vor blieb wieder Palästina. Mit Bezug auf die UNO-Kandidatur Palästinas sprach er von einer einseitigen, Israel in die Ecke drängenden Politik. Wie lange kann Palästina als Volk und Staat und wie lange soll die »Nakba«, die Katastrophe von 1948, wie es die palästinensischen Flüchtlinge nennen, noch geleugnet werden? Das Wort »Nakba« bezeichnet das Schicksal von rund 750 000 Palästinensern, die zum größten Teil vertrieben wurden und nicht, wie es die offizielle Version Israels will, freiwillig über die Grenzen gingen. Was palästinensische Historiker wie Elias Sanbar, mit dem Sie vor kurzem ein Gespräch führten,[*] oder Whalid Khalidi[**] in ihren Werken zur Zerstörung oder Räumung von mehreren Hunderten palästinensischen Dörfern und ganzen Stadtteilen vor und während des israelisch-arabischen Krieges von 1948 immer hervorheben, nämlich dass es nicht um eine freiwillige Flucht der Palästinenser ging, bestätigen die Vertreter der Neuen israelischen Historiker.

[*] Vgl. Stéphane Hessel und Elias Sanbar, *Israel und Palästina. Recht auf Frieden und Recht auf Land* (2012). Elias Sanbar, geboren 1947 in Haïfa, palästinensischer Historiker. Gründete die »Revue d'études palestiniennes«, ist Übersetzer von Mahmud Darwisch ins Französische und Botschafter Palästinas bei der UNESCO. Werke u.a.: *Palestine 1948, l'expulsion* (1984) und *Figures du Palestinien – Identité des origines, identité de devenir* (2004).

[**] Walid Khalidi, geboren 1925 in Jerusalem, palästinensischer Historiker, lehrt u.a. an der Harvard University und in Princeton. Sein Hauptwerk erschien 1992: *All That Remains: The Palestinian Villages Occupied and Depopulated by Israel in 1948.*

S.H.: Ja, Ilan Pappe* in seinem Buch *Die ethnische Säuberung Palästinas*.

R.M.: Oder auch Benny Morris** in *The Birth of the Palestinian Refugee Problem Revisited*. Beide historischen Werke unter mittlerweile zahlreichen anderen israelischer Herkunft arbeiten dieses Kapitel der Geschichte minutiös auf. Der Außenminister und Siedler Avigdor Lieberman, der die israelischen Palästinenser als »Fünfte Kolonne« bezeichnete und von ihnen verlangte, einen Loyalitätsschwur auf den jüdischen Staat abzulegen, und seine Partei Israel Beitenu haben versucht, das Gedenken an die Nakba unter Strafe zu stellen. Ist die Anerkennung der Nakba seitens Israels aber nicht eine Voraussetzung für die Versöhnung zwischen Palästinensern und Israelis?

S.H.: Ja, Sie haben ganz recht. Das ist ein sehr wichtiger Punkt. Für mich sah es damals so aus, dass die Teilung 1947/48 gerecht vonstattenging. Heute aber ist die Anerkennung der Nakba sehr wichtig. Schlimmes anzuerkennen, das in der Geschichte geschah, ist immer wichtig. Man muss die Nakba anerkennen und zugeben. Aber wir können die Situation nicht völlig gutmachen. Es gibt keine Möglichkeit nach der Nakba, alle palästinensischen Flüchtlinge wieder nach Israel zu bringen. Das wäre ir-

---

* Ilan Pappe, geboren 1954 in Haifa, Vertreter der Neuen israelischen Historiker, lehrt an der Universität Exeter. Seine Hauptwerke: *The Making of the Arab-Israeli Conflict, 1947–1951* (1992) und *Die ethnische Säuberung Palästinas* (2007).

** Benny Morris, geboren 1948, Vertreter der Neuen israelischen Historiker. Sein Hauptwerk: *The Birth of the Palestinian Refugee Problem Revisited* (2004).

gendwie eine falsche Lösung. Wir brauchen einen Staat Israel. Aber wir können wenigstens darauf bestehen, dass auch Gerechtigkeit für die Palästinenser geschehe, dass also die Nakba als eine schlimme Station ihrer Geschichte anerkannt wird. Man muss alles tun, um eine Lösung für die Flüchtlinge zu finden, die ihnen die Möglichkeit gibt, wieder in Würde zu leben und Respekt zu gewinnen. Deshalb ist es notwendig, dass das internationale Recht als Ausgangslage für Verhandlungen verstanden wird. Die Resolutionen des Sicherheitsrats über Palästina müssen anerkannt werden. Sie sehen ja auch vor, dass die Flüchtlinge entschädigt werden müssen, sie behaupten aber nicht, dass alle zurücksollen. Das Wichtige ist, dass wenigstens der Staat Palästina so aussehen wird, wie wir es uns damals gewünscht haben und wie es in den Resolutionen des Sicherheitsrates niedergelegt ist: Ostjerusalem als Hauptstadt und die Grenzen innerhalb der Linien von 1967. Das sind die Hauptpunkte. Obama hat sich schon irgendwie, wenn auch sehr zögerlich, dafür engagiert. Aber die Frage ist, wie kann er das erreichen, wenn er nicht strenger mit der Regierung Israels umgeht ...

R.M.: ... und dabei auch die Siedlungspolitik verurteilt ...

S.H.: ... nicht wahr? Also, das ist es, was uns im Augenblick fehlt. Dafür müssen wir uns jetzt einsetzen.

R.M.: Sie führen den Nahostkonflikt immer wieder auf das Jahr 1967 zurück beziehungsweise auf den Sechs-Tage-Krieg. Die Nakba und das daraus entstehende Flüchtlingsproblem, das noch heute seine Wunden schlägt, ist aber, wie wir soeben besprochen haben, eine Folge der Auseinandersetzung bereits vor und während des ersten israelisch-arabischen Krieges von 1948.

S.H.: Ja.

R.M.: Ich habe den Eindruck, dass die Tatsache nicht so genau zu Bewusstsein gebracht werden will, dass die Palästinenser 1947/48 nicht freiwillig ihr Land verlassen haben, sondern zu einem großen Teil gezwungen wurden, ihre Dörfer und Städte wie beispielsweise Haifa, Jaffa und Tiberias, um nur einige zu nennen, zu verlassen. Es fiel mir nur auf, dass Sie oft auf 1967 zurückgreifen.

S.H.: Was die Teilung von 1947/48 betrifft, so hatte ich damals das Gefühl – ich kannte natürlich Palästina damals nicht –, dass es in diesem Land schon eine jüdische Bevölkerung gab und man ihr einen Staat geben sollte, damit sich Juden aus aller Welt zusammenfinden konnten. Das bedeutete natürlich, dass einige Palästinenser nicht dableiben konnten und gehen mussten. Das hat es in allen geschichtlichen Situationen gegeben. Wo immer ein neues Land entstanden ist, da mussten andere zu Flüchtlingen werden. Das hat es in Polen, in Deutschland, das hat es überall immer wieder gegeben, und das ist traurig. Man muss also die Nakba als ein trauriges Ereignis anerkennen, aber man kann sie nicht rückgängig machen.

R.M.: Es ist ja nicht die Frage des Rückgängigmachens von Geschichte, aber von Anerkennung und von Entschädigung – zudem sah ja die UNO eigentlich vor, dass Palästinenser und Juden in beiden auszurufenden Staaten verbleiben konnten.

S.H.: Die Südafrikaner haben uns gelehrt, dass Anerkennung das Wichtigste ist, auch wenn die Geschichte nicht rückgängig gemacht werden kann. Dasselbe sollte man auch von einer guten demokratischen israelischen Regierung erwarten können. Letzten Herbst stand ich auf dem Pont Saint-Michel in Paris und empörte mich darüber, dass französische Polizisten vor fünfzig Jahren, am 17. Oktober 1961, demonstrierende Algerier der Nationalen Befreiungsfront verwundet in die Seine geschmissen haben, so dass der Fluss rot daherkam. Noch heute will das offizielle Frankreich dies leider auch nicht anerkennen.

R.M.: In Ihrer Rede in Zürich entwickelten Sie das Szenario einer Zukunft Israels, in dem es nicht unbedingt einer jüdischen Mehrheit bedürfte, sondern in dem es sich auch mit einer Mehrheit von Muslimen demokratisch leben ließe. Damit laufen sie quer zur der neuerlich von Ministerpräsident Benjamin Netanjahu aufgestellten Forderung an die Palästinenser, den jüdischen Charakter des Staates Israel anzuerkennen. Dieser Forderung können ja die Palästinenser aus zwei Gründen nicht nachkommen: Erstens sind rund zwanzig Prozent der israelischen Bevölkerung Palästinenser, also Muslime und Christen, und zweitens wäre eine gerechte verhandelte Lösung des Rückkehrrechts der Palästinenser gemäß UNO-Resolution 194 so gleich vom Tisch. Muss ein moderner, demokratischer, säkularer Staat nicht der Staat aller seiner Bürger sein?

S.H.: Man muss historisch damit beginnen, dass es deshalb einen Staat Israel gegeben hat, weil man das Gefühl hatte, der jüdischen Diaspora eine Heimstatt geben zu müssen, wo sie Heimat fühlt. Das bedeutet aber nicht, dass Israel nur für die jüdische Bevölkerung vorgesehen sein muss. Israel soll ein Staat sein, in dem die Juden sich zwar zu Hause fühlen, der aber demokratisch genug ist, um Menschen aller Glaubensrichtungen umfassen und aus allen anderen Ländern aufnehmen zu können. Das ist natürlich die Perspektive, die jeder moderne Staat erfüllen muss und die auch den Palästinensern bevorsteht. Es ist ganz klar, dass, wenn es mal einen palästinensischen Staat gibt, es gar nicht unmöglich wäre, dass auch Juden in Palästina wohnten. So kämen wir auf eine richtige, demokratische und internationale Lösung. Ich habe immer das Gefühl gehabt, Palästinenser und Juden können miteinander leben. Allerdings bedeutet es gegenwärtig, dass beide einen Staat haben müssen.

R.M.: Aber eben so formuliert, dass es ein offener, säkularer, demokratischer Staat ist.

S.H.: Das ist ganz recht, das ist die Erklärung, die wir brauchen, für Israel und für ein zukünftiges Palästina. Wir brauchen einen solchen laizistischen Rahmen auch für den Sudan, für Tunesien und Libyen. Überall brauchen wir die offene Gesellschaft, die vor ihren unterschiedlichen Mitgliedern Respekt hat. Wir müssen dies sogar für ein Land wie Frankreich noch mehr fordern, das viele Einwanderer hat! Mehr als zwei Drittel der Franzosen haben einen Großvater oder eine Großmutter, die aus dem

Ausland stammt. Das gelingende Zusammenleben der Kulturen ist heute wichtiger denn je! Warum? Weil heute die Beziehungen zwischen Einzelnen über die ganze Welt hinweg so eng sind.

R.M.: Schließt aber ein historisches Bewusstsein des Nahostkonfliktes und seiner Ursprünge neben der Verpflichtung gegenüber Israel nicht auch eine gegenüber Palästina mit ein, und das meint, dass, solange Völkerrecht durch Israel gebrochen wird und Kolonialisierung stattfindet, dieses auch international zur Debatte anstehen muss, statt durch Schweigen mehr oder weniger gebilligt zu werden?

S.H.: Genau. Das Verhalten Israels gegenüber den Palästinensern ist skandalös. Sie behandeln die Palästinenser nicht als ein Nachbarvolk, mit dem man gute Verbindungen haben muss und soll, sondern so, als gäbe es die Palästinenser nicht, so als gälte nicht, was die Vereinten Nationen immer wieder gesagt haben: Israel muss die Grenzen von 1967 akzeptieren, und Ostjerusalem soll die Hauptstadt Palästinas sein. Man hat die israelische Regierung immer wieder darauf aufmerksam gemacht, doch sie hat nicht zugehört. Ich habe eine sehr positive Beziehung zum Judentum, aber ich empfinde auch die Notwendigkeit, dass der Islam dasselbe Anrecht hat, unterstützt zu werden, wie das Judentum. Wir brauchen Palästina als Staat, und wir brauchen ihn als einen freundlichen Staat gegenüber Israel. In den letzten sechzig Jahren hat sich aber durch eine sehr falsche Politik so viel Hass auf beiden Seiten aufgebaut, dass wir nun einen Neuanfang brauchen. Ich fand sehr interessant, dass gerade auf dem Rothschild-Boulevard in Tel Aviv auch Tage des Zorns und der Empörung stattfanden.

R.M.: Aber man hat sich nicht über die Siedlungspolitik empört.

S.H.: Noch nicht! Aber wenn die Israelis nachdenken, weshalb sie soziale und wirtschaftliche Schwierigkeiten haben, und dann die Kolonialpolitik ihrer Regierung, die kostspielig ist, hinterfragen …

R.M.: Sie erwarten einen Frühling auch für Israel?

S.H.: Genau, und ein solcher Frühling würde vor allem bedeuten, den anderen Blumen zu geben!

R.M.: Das wäre natürlich wunderbar, aber mit Blick auf den UNO-Sicherheitsrat sieht es ganz so aus, dass wieder Winter einzieht. Eine UNO-Mitgliedschaft Palästinas wird durch die Vereinigten Staaten abgelehnt.

S.H.: Unser Mitgefühl muss entschieden den Palästinensern gelten. Die derzeitige Regierung Israels braucht unser Mitgefühl nicht, denn sie benimmt sich nicht so, dass sie es verdiente. Man muss diesen Unterschied sehr stark machen – die Sympathie und das Mitgefühl für die Juden ist etwas ganz anderes als eine Sympathie und Mitgefühl für die Regierung Israels! Den Juden gegenüber haben wir die größte Sympathie und Anteilnahme für ihr Schicksal, das durch die Zeiten hindurch aus einer leidvollen Geschichte von Pogromen bestand und schließlich zur Shoah führte. Aber die Regierung Israels muss man in die Pflicht nehmen, denn Israel ist zu etwas verpflichtet. Wie sieht diese Verpflichtung aus? Die Verpflichtung rührt daher, dass das Land ohne Unterstützung durch die Vereinten Nationen nie hätte ausgerufen werden können. Und wenn eine Regierung – nicht die Bevölkerung – alles macht, um dieses gute Verhältnis zu zerstören, dann sind die anderen Nationen verpflichtet, diese Nation so zu behandeln wie jedes andere Land.

Hingegen wurde das palästinensische Volk in den letzten vierzig oder sechzig Jahren so geschunden, dass man wegen des israelischen Embargos heute im Gaza-Streifen wieder Häuser aus Lehm baut! Wir sprachen von der zunehmenden Prekarität in Europa, aber die Prekarität in Palästina ist natürlich noch viel schlimmer. Palästina braucht die Anteilnahme der Welt. Das will im Einzelnen nicht heißen, dass die einen recht und die anderen unrecht haben, aber den Palästinensern ist bis jetzt nichts geschenkt worden. Wenn wir so weitermachen und ihnen weder Anteilnahme noch Anerkennung aussprechen, dann begehen wir einen politischen wie philosophischen als auch religiösen Fehler – und das in einem ausschlaggebenden Moment, mitten im Arabischen Frühling!

R.M.: Günter Grass wurde jüngst wegen seines Gedichts *Was gesagt werden muss* heftigst attackiert. Ich möchte die Debatte nicht noch einmal aufrollen, wohl aber was während dieser Debatte in Deutschland mehrheitlich unter den Tisch gekehrt wurde: die Besatzung, die illegalen Siedlungen in der Westbank, die schleichende Annexion

Ostjerusalems, das Embargo gegen den Gaza-Streifen, die Verletzungen des Völker- und Menschenrechts und der UNO-Resolutionen, dies alles fein säuberlich aufgearbeitet und dokumentiert durch die UNO, und schließlich das Faktum einer zwar nicht offiziellen, de facto aber doch bestehenden israelischen Atommacht, die Grass zu Recht unter internationale Aufsicht stellen will – Iran einschließend. Als Schweizer, der Deutschlands Verhältnis zum Nahostkonflikt oft mit Kopfschütteln verfolgt – etwa die Ablehnung der Aufnahme der Palästinenser als UNESCO-Mitgliedsstaat durch Deutschland 2011, eine Minimalforderung, die man ihnen durchaus hätte zugestehen können –, stelle ich fest, dass der Verdacht auf Antisemitismus in diesem Land sehr geläufig ist, sobald man Israels Regierung und seine Menschenrechte und Völkerrecht verletzende Außenpolitik kritisiert. Wie sehen Sie das?

S.H.: Ich fand ihn sehr mutig, nicht wahr, den Günter Grass! Natürlich wurde er heftig attackiert. Ich vermute, dass er sich plötzlich sagt, dass wir uns mit der israelischen Regierung nicht verständigen können, weil sie sich aus jeglichem internationalen Recht heraushält, und dass wir daher die derzeitige israelische Regierung auch nicht unterstützen sollten. Man muss sich vor Augen halten, dass es Zeitgenossen gibt, die all das durchlebt haben, was während des Zweiten Weltkriegs passiert ist. Die sind jetzt vielleicht der Meinung, was die israelische Regierung tut, um ihr Land und seine Zukunft zu sichern, dem kann man nichts nachsagen, auch wenn es außerhalb von dem liegt, was wir alle zusammen als internationales Recht empfinden. Dasselbe passiert unglücklicherweise auch den Vereinigten Staaten. Auch sie haben das Gefühl, sie können sich erlauben, da einzugreifen, wo es ihre Macht nötig hat, ohne ein internationales Abkommen zu respektieren. Also, man kann solche Sachverhalte nur konstatieren. Und natürlich gibt es in Deutschland eine Scheu.

R.M.: Ja, in Deutschland hat man eine Scheu, Israel zu kritisieren – aus historisch nachvollziehbaren Gründen. Die Frage aber ist, ob die Vergangenheitsbewältigung in Deutschland, die sehr erfolgreich gewesen ist, nicht in einem Punkt problematisch ist, nämlich, dass diese Vergangenheitsbewältigung oft die notwendige Gegenwartsbewältigung verhindert. Deutschland traut sich sehr oft nicht zu, etwas gegen die israelische Regierung zu sagen, dies zu Lasten einer gemeinsamen europäischen Außenpolitik.

S.H.: Ich würde in diesem Zusammenhang ganz einfach sagen, dass die Deutschen, aber nicht nur sie, sondern auch alle anderen Europäer recht damit hatten, dass die schlimme Schuld den Juden gegenüber getilgt werden musste. Leider war es nur möglich, den verfolgten Juden das zu geben, was ihnen nach der Schande des Zweiten Weltkriegs zukam, indem man anderen etwas wegnahm. Frankreich hat zu Afrika ein kompliziertes Verhältnis wegen seiner kolonialen Vergangenheit. Deutschland hatte seinerzeit in Afrika ebenfalls ein Kolonialreich. Während das Verhältnis zwischen Franzosen und Afrikanern aber immer noch belastet ist, weil sie sie so schlecht behandelt haben, hat Deutschland dieses Kapitel mit Afrika überwunden. So wird es Deutschland auch mit Israel einmal gehen, es wird das belastete Verhältnis einmal überwinden – im Übrigen hat sich auch Frankreich den Juden gegenüber nicht so verhalten, wie es dies hätte tun sollen.

R.M.: Das gilt auch für die Schweiz, die sich erst in jüngster Zeit damit befasst hat.

S.H.: Aber zu dieser historischen Schuld der Deutschen kommt, und das ist etwas sehr Wichtiges, das Jus – das Recht! Wir leben in einer Welt des Rechts, und dafür gibt es immer mehr Unterstützer. Wir hatten eine Zeit, in der wir alle durch das Recht verbunden waren, das waren die 1990er Jahre nach dem Fall der Berliner Mauer. Nehmen wir außerdem den Irak, der Kuwait eroberte – da haben wir alle zusammen gegen Saddam Hussein opponiert. Dann ereignete sich leider 9/11, und mit der Regierung von George W. Bush kam – vielleicht in der internationalen Diplomatie das Folgenreichste – die Behauptung der Vereinigten Staaten, dass sie das Recht hätten, die Welt anzuführen, und zwar mit der UNO, wann immer dies möglich sei, aber eben auch ohne die UNO, falls sie es für notwendig erachten.

R.M.: Ja, sie sprechen die Instrumentalisierung der UNO durch die Amerikaner an, die denen, die nicht mitmachen wollten, zur Auskunft gaben: Wer nicht mit uns ist, ist gegen uns!

S.H.: Nicht wahr? Damit geht etwas Wichtiges in die Brüche, was ich eben das Jus, das Recht nenne.

R.M.: Ich möchte noch einmal auf diese spezifisch deutsche Problematik zurückkommen, die Sie, so scheint es mir, nicht ganz beantwortet haben. Deutschland hat eine Verpflichtung gegenüber Israel aus historischen Gründen. Aber wenn man diese historischen Gründe wirklich in ihrer ganzen Dimension begreifen will, und das legen Sie doch selber nahe, dann bedeutet das auch, dass es nicht nur eine historische Pflicht Deutschlands gegenüber Israel gibt, sondern auch eine gegenüber Palästina, denn die Heimstatt für die verfolgten Juden wurde an einem Ort geschaffen, wo bereits ein Volk war.

S.H.: Da haben Sie ganz recht, und deshalb müssen wir Israel gegenüber stark bleiben. Natürlich geben wir Europäer auch den Palästinensern Geld. Bloß nehmen wir leider die Verpflichtung gegenüber den Palästinensern nicht so ernst wie die Verpflichtung gegenüber Israel. Aber noch einmal, es gibt das internationale Recht! Und mit ihm können wir darauf bestehen, dass die Palästinenser dasselbe Recht haben wie alle anderen, so wie die Menschen in Estland oder in Nicaragua zum Beispiel. Wenn es also undemokratisch, oligarchisch und tyrannisch zugeht und wenn der Frühling in die arabischen Länder einzieht, dann müssen wir selbstverständlich dabei sein und sie unterstützen. Wenn wir das nicht tun, dann wird sich ein Gefühl der Schuld einstellen. Mit Recht wird man uns dann sagen, wir hätten mehr tun können: für Ägypten, für Tunesien und eben für Palästina.

R.M.: Alfred Grosser hat als Antwort auf die Debatte, die nach dem Gedicht von Grass ausgebrochen ist, in einem

Artikel geschrieben, dass er auf Fragen von deutschen Schülern, wie man mit Israel umgehen müsse, jeweils sage, dass sie keine Schuld tragen, dass sie aber die Pflicht haben, an Hitler und das Dritte Reich zu denken und die Menschenwürde überall zu verteidigen, auch die der Palästinenser. Das scheint mir eine gute Auskunft zu sein. Was raten Sie den Deutschen insgesamt?

S.H.: Das Schuldgefühl den Juden gegenüber wird Deutschland noch lange beschäftigen. Aber die Zukunft der Beziehung zwischen Deutschland und dem Nahen Osten und darüber hinaus mit der islamischen Welt – mit Indonesien, der Türkei, den arabischen Ländern –, das sind wichtige Probleme, die Deutschland eigentlich mit Europa regeln müsste. Daher war es keine schlechte Idee der Franzosen, eine »Union für das Mittelmeer« aufzubauen, in die die Deutschen ja auch gleich eingestiegen sind, weil sie dieses Feld nicht den Franzosen und den Südeuropäern allein überlassen wollten.

Die Beziehung Europas mit der Welt des Islams, das ist es, worüber man heutzutage gut nachdenken muss. Und da hat Deutschland nicht weniger Verantwortung als die übrigen europäischen Länder. Ausschlaggebend ist die Frage, welche Rolle der israelisch-palästinensische Konflikt in der Beziehung zwischen dem Westen und den islamischen Ländern spielt. Es lohnte sich, gerade als Deutscher, darüber nachzudenken. Ist es den Deutschen möglich, nützlich und wichtig, eine andere Haltung dem Islam gegenüber einzunehmen? Eine kleine Schwelle müsste dabei überwunden werden, indem man sagt: Wir sind nicht nur für Israel, wir sind auch für Palästina! Wir setzen uns für Muslime wie für Juden und Christen ein, und dafür brauchen wir eine Weltgesellschaft, in der der Westen und der Islam einen gemeinsamen Weg finden. Die Schlussfolgerung könnte also sein: Wir sind am Arabischen Frühling interessiert! Das wäre für die deutsche Diplomatie ungeheuer wichtig.

R.M.: Kommen wir zum Schluss auf Ihre große historische Erfahrung zu sprechen. Sie überblicken ein ganzes Jahrhundert. Es gibt diesen schönen Buchtitel *Vom Nutzen und Nachteil der Historie für das Leben*, in dem Friedrich Nietzsche den Umgang des Menschen mit der Geschichte zum Thema macht. Was haben Sie aus der Geschichte gelernt? Was raten Sie im Umgang mit ihr?

S.H.: Durch die Länge meines Lebens fällt mir immer mehr auf, dass sich die Veränderungen in der Weltgeschichte immer schneller ereignen. Als ich ein kleiner Junge war, waren die Fragen noch: Was gehört den Nordeuropäern und was den Südeuropäern? Welche Länder sind Demokratien und welche nicht? Wer sind die Amerikaner? Wer sind die Kommunisten? Wer sind die Faschisten? Das waren die Fragen von damals. Die Frage von heute muss lauten, wie wir eine Welt, die von globaler Ausbeutung geprägt ist, in eine sozial gerechte und nachhaltige Weltgesellschaft transformieren können. Wir müssen unsere ganze Aufmerksamkeit auf eine interdependente und solidarische Weltgesellschaft richten und alles daransetzen, die Grundprobleme der Menschheit so anzugehen, wie sie sich uns zeigen: als Ungerechtigkeit der Verteilung der Güter und als Ungerechtigkeit unseres Umgangs mit der

Natur. Diese beiden Grundprobleme scheinen mir das Resultat einer Weltgeschichte zu sein, die man hätte studieren können und die man jetzt studieren sollte. Dabei sollte man sich fragen, was das Wesentliche ist. Ist es wirklich immer noch so wichtig zu wissen, ob Russland, China und Amerika sich verständigen können oder nicht? Nein, das ist nicht mehr so wichtig. Vordringlich ist, wie wir die Güter unserer Welt verteilen, die wir gleichzeitig nicht verschwenden sollten, denn die Zerstörung der Natur darf nicht voranschreiten. Die Grundgefahren und natürlich auch die Grundhoffnungen der Menschheit haben sich in diesem Jahrhundert stark verändert, und sie sind aus der Geschichte ebendieses Jahrhunderts entstanden. Diese kann uns offenbar zum Nachteil wie zum Vorteil gereichen.

R.M.: Bei dieser wahnsinnigen Last an Problemen und der Frage, ob wir die richtigen Antworten auf die Herausforderungen unserer Zeit finden, angesichts von so viel Historie – wo bleibt die Spontaneität?

S.H.: Ich denke, wir leben heute in einer sehr viel spontaneren Welt denn je. Und in der Erkenntnis der großen Gefahren, die die Welt herausfordern. Wir sprachen über Modelle für die Jugend, wir sprachen über Probleme und wie man sie schnell lösen kann – festzustellen ist doch: Wir haben in der Geschichte Antworten gefunden. Wir haben die Demokratie als eine richtige Antwort auf die Erfahrung der Oligarchie gefunden, die wiederum eine schlechte Antwort auf die Fragen der Menschheit war! Das haben wir alles erfahren. Heute nun genügen diese

Antworten nicht mehr, wir stehen vor neuen Herausforderungen. Daher komme ich wieder auf das Wort »Reform« zurück, das für mich grundlegend ist – die »Reform der Menschheit«. Jeder, als ein bescheidenes Mitglied seiner Gesellschaft, die mit anderen Gesellschaften auf dem Weg zur Weltgesellschaft ist, kann ein kleines Stück vom Willen dieser Reform umsetzen, und zwar schon in der allernächsten Umgebung. Er braucht nicht nach New York zu gehen und sich im Sicherheitsrat zu beraten. Er kann in Paris sein und sich sagen: Hier im 14. Arrondissement, da hat es zu wenig Bäume, dagegen müssen wir was tun. Und das Tun, das an sich ja immer ganz lokal bestimmt ist, muss sich dabei über den kategorischen Imperativ verallgemeinern lassen, damit das, was man tut, vernünftig ist.

R.M.: Kurzum, jeder ist als Mitglied der Weltgesellschaft für die Welt verantwortlich. Aber dafür brauchen wir natürlich auch entsprechende Institutionen, die globale Befugnisse haben.

S.H.: In der Tat, wir müssen jetzt alles daransetzen, diejenigen Institutionen, die eine Weltgesellschaft lenken könnten, zu stärken! Um die globalen Probleme zu lösen, brauchen wir Institutionen, die globale Wirkung haben und die auch global legitimiert sind. Die Weltgesellschaft, die wir immer mehr sind, braucht ausgebaute suprastaatliche Organe, die über den nationalen Souveränitäten stehen. Deshalb müssen die Vereinten Nationen mit aller Dringlichkeit reformiert werden, und zwar dahingehend, dass man sie mit verbindlicher globaler Souveränität ausstattet. Eine Weltgesellschaft verlangt logischerweise nach einer Weltregierung! Und diese Weltregierung müssen wir jetzt mit allen Mitteln ausstatten und demokratisch einrichten.

R.M.: »Du mußt dein Leben ändern« – eine Zeile aus einem Gedicht des von Ihnen so geschätzten Dichters Rainer Maria Rilke. Du musst dein Leben ändern, das ist die große Forderung, die Sie angesichts dieser Krise der Menschheit erheben. Aber wer vom Leben spricht, spricht auch vom Tod. Ich habe den Eindruck, dass in unserer Gesellschaft der Tod nicht mehr so prägend ist, obwohl er doch das Bewusstsein unserer Kreatürlichkeit schafft. Müsste man nicht wieder den Tod mehr ins Leben integrieren, ein größeres Bewusstsein für unsere eigene Kreatürlichkeit schaffen?

S.H.: Na ja, es ist eben so, die Gedanken sind frei, und sie können umherschweifen, ins Unendliche! Heutzutage muss jeder, um die Reform der Menschheit und der Welt voranzubringen, daran denken, dass er ein Schaffer, auf Französisch gesagt, ein »créateur« ist, und dass er widerstehen muss, um weiter zu schaffen, und schaffen, um weiter zu widerstehen. Das ist es, was wir tun müssen.

R.M.: Ihre faustische Antwort erinnert mich an die Kraft und Zuversicht einer Epoche, die wir durchaus wieder gut gebrauchen könnten. Der Schriftsteller Oscar Wilde hat einmal gesagt: »Eine Karte der Welt verdient nicht einmal einen Blick, wenn das Land Utopia auf ihr fehlt.«

S.H.: Ja, in der Tat, ohne Ideen kommen wir heute nicht weiter.

R.M.: Auf den scheinbar so kritischen Hinweis der Verzagten, dass die Idee leider der Realität nicht entspreche, antworten Sie also mit dem Philosophen Hegel: »Ja, dann umso schlimmer für die Wirklichkeit!« Ich glaube, das ist auch Ihr Argument. Allen Ratlosen, Verzagten oder Verzweifelten sagen Sie: »Halt mal, liebe Leute, wir haben eigentlich keine andere Wahl, als vorwärtszugehen, ansonsten fahren wir gegen die Wand!«

S.H.: Richtig. Und wenn man sagt, ich sei ein Optimist, so präzisiere ich immer, dass ich insofern ein Optimist bin, als es keinen anderen Weg zu gehen gibt als den zum Besseren hin.

R.M.: Sie zitieren wiederholt Walter Benjamins Schrift *Über den Begriff der Geschichte*. Ein Engel, vertrieben aus dem Paradies, fliegt da mit erschreckten, weit offenen Augen von Katastrophe zu Katastrophe. Sie lehnen sich aber auch an den Philosophen Georg Wilhelm Friedrich Hegel an, der die Geschichte als eine »Geschichte des Fortschritts im Bewußtsein der Freiheit« ansah. Ist das nicht ein Widerspruch?

S.H.: Also, mein Optimismus besagt nur eines: Unsere Menschheit hat in den vergangenen Jahrhunderten schon viele schlimme Situationen überlebt. Unsere ganze Geschichte ist voll von Kampf, Krieg und Zerstörung. Wir haben uns als Menschen sehr schlecht bewährt. Trotzdem sind wir vorwärtsgekommen und haben vieles überwunden, was schwer zu überwinden schien. Heute stehen wir vor einer besonders schwierigen Situation. Wir werden die Welt nicht weiter so bewirtschaften können, wie wir es getan haben. Wir werden zu viele sein, um uns noch genügend ernähren zu können. Viele Gefahren stehen uns bevor. Ich bin nicht so optimistisch, dass ich sagen würde, diese Gefahren sind leicht zu überwinden. Aber ich bin optimistisch genug, um zu sagen, dass gerade weil diese Gefahren sehr schwer zu überwinden sind, sie die Beteiligung aller brauchen, der jüngeren und älteren Generationen. Und mein Optimismus zeigt mir an, dass es Potential in uns gibt, dass noch nicht alle Möglichkeiten ausgeschöpft sind, die wir haben. Nur wenn wir diese Möglichkeiten nutzen, können wir vielleicht die Gefahren überwinden, die die Menschheit jetzt auf dem Weg zur Weltgesellschaft herausfordern. »Wo aber Gefahr ist, wächst das Rettende auch«, schrieb der Dichter Friedrich Hölderlin in einem Gedicht.

R.M.: Sie sind ein Liebhaber von Lyrik. Nach so viel besprochener Prosa also die Poesie an die Macht?

S.H.: Ja! Die Rede, dass die Poesie an die Macht kommen soll, klingt natürlich ein bisschen abstrakt. Aber was ich damit meine, ist, dass wir in uns eine poetische Möglichkeit haben. Poesie stammt ja vom griechischen Verb »poein« ab und bedeutet »schaffen«. Wir haben diese Möglichkeit in uns, neue Verhältnisse zu erschaffen. Wir können gegen die alte Menschheit widerstehen und eine neue auf den Weg bringen, um eine neue Welt zu erschaffen!

R.M.: Eine letzte Frage: Was würden Sie den Empörten dieser Erde mit auf den Weg geben wollen?

S.H.: Also, meine Botschaft an die Empörten dieser Erde ist: Bleibt nicht dabei, empört zu sein, sondern zeigt Verantwortung und engagiert euch. Verändert diese Welt, habt Mitgefühl und seid Bürger einer wahrhaften Weltgesellschaft. Du musst dein Leben ändern! Weshalb bist du empört? Weil du dein Leben bis jetzt noch nicht verändert hast.

Roland Merk und Stéphane Hessel in Paris, Ende Februar 2012
© privat